'द पॉवर ऑफ पॉजिटिव एटीट्यूड

Paperback: 978-811962387-7

Any references to historical events, real people, or real places are used fictitiously. Names, characters, and places are products of the author's imagination.

Sanage Publishing House LLP
Mumbai, India

sanagepublishing@gmail.com

'द पॉवर ऑफ पॉजिटिव एटीट्यूड

लेखक

रोजर फ्रिट्ज़

संपादिका : साक्षी पटेल

विषय सूची

परिचय

जब आर्मस्ट्रांग इलेक्ट्रॉनिक्स कंपनी ने अपना नया प्लांट शुरू किया तो कंपनी के संस्थापक और अध्यक्ष अल आर्मस्ट्रांग ने स्टीव एम. को दिन के समय की निगरानी के लिए और गैरी जे. को रात की शिफ्ट के लिए काम पर रखा था।

दोनों के पास अपनी-अपनी उपलब्धियों के प्रमाण पत्र थे। दोनों ने इलेक्ट्रिकल इंजीनियरिंग में डिग्री की थी, दोनों ही इलेक्ट्रॉनिक कंपनियों की मैन्यूफैक्चरिंग यूनिट्स में सुपरवाइज़र का काम कर चुके थे और इस पद के लिए ज़रूरी तकनीकी मानकों पर खरे उतरते थे।

फिर, एक साल बाद गैरी की नाइट शिफ्ट ने लगातार स्टीव के दिन की शिफ्ट से बेहतर प्रदर्शन क्यों किया? दिन वाली शिफ्ट न सिर्फ उत्पादन की मात्रा और गुणवत्ता के मानकों को पूरा करने में विफल रही, बल्कि इसमें कर्मचारियों की अनुपस्थिति और काम छोड़ने की दर भी बढ़ती जा रही थी। कुछ कर्मचारियों ने अनुचित व्यवहार के बारे में यूनियन को शिकायत की थी। नाइट शिफ्ट में उत्पादन का रिकॉर्ड बेहद अच्छा था, अनुपस्थिति बहुत कम और एक भी शिकायत दर्ज नहीं कराई गई थी।

अल ने रोजर फ्रिट्ज के साथ इस स्थिति पर चर्चा की जो अंतरराष्ट्रीय स्तर पर प्रसिद्ध सलाहकार और इस किताब के लेखक है। दोनों सुपरवाइज़र्स का इंटरव्यू लेने और नौकरी के समय उनका अवलोकन करने के बाद फ्रिट्ज ने यह रिपोर्ट दी। उन्होंने कहा, "एक शब्द में उत्तर है, व्यवहार।" गैरी के सकारात्मक व्यवहार ने उसके सहकर्मियों को अड़चनों का सामना करने और उन्हें दूर करने के लिए कड़ी मेहनत करने को प्रेरित किया। दूसरी तरफ, दिन वाले समूह को जब इसी तरह की मुश्किलों का सामना करना पड़ा, तो स्टीव मनमाने समाधान के साथ सामने आए (जो अक्सर काम नहीं करता था) जिस कारण लोगों को खुद आगे बढ़कर उन समस्याओं का बेहतर जवाब खोजने के लिए प्रेरित नहीं किया गया था।

फिर फ्रिट्ज ने स्टीव को अपना व्यवहार बदलने में मदद करने के लिए एक व्यावहारिक योजना तैयार की और साथ ही साथ गैरी के सकारात्मक दृष्टिकोण को मज़बूती भी दी।

दृष्टिकोण में न केवल हमारा दुनिया को देखने का ढंग शामिल है, बल्कि यह भी कि हम स्थितियों, परिस्थितियों और दूसरों व्यवहार की व्याख्या कैसे करते हैं। दूसरे शब्दों में, यदि आपको अपना दृष्टिकोण अर्थपूर्ण बनाना है तो इस बात को ध्यान में रखें कि दूसरे इस पर कैसे प्रतिक्रिया करते हैं। पारस्परिक प्रभाव के बिना एक सकारात्मक दृष्टिकोण अर्थहीन है।

बेशक, स्टीव और गैरी अपनी तकनीकी काबिलियत के मामले में बराबर रहे होंगे, लेकिन काम को लेकर उन्होंने जिस तरह का व्यवहार अपनाया, वह गैरी की सफलता और स्टीव की असफलता के बीच का अंतर बन गया।

बहुत से लोग जिस व्यवहार के साथ अपनी ज़िंदगी के कई पड़ावों तक पहुँचते हैं, वे वास्तव में अपने व्यवहार या मनोवृत्ति की असली प्रकृति के बारे में नहीं जानते। वे उसी तरीकों से व्यवहार करने के इतने आदि हो जाते हैं कि उन्हें अपनी सफलताओं या असफलताओं के मूल कारणों का एहसास ही नहीं होता है।

इस पुस्तक को पढ़ने के बाद आप अपने दृष्टिकोण के प्रभावों की एक बेहतर समझ विकसित करेंगे। यह बात भी समान रूप से महत्त्वपूर्ण है कि यह किताब आपको चीजों को अधिक स्पष्ट देखने में मदद करेगी कि कैसे सकारात्मक नज़रिया न केवल आपकी परफॉर्मेंस को बल्कि यह आपके आसपास दूसरे लोगों द्वारा प्राप्त किए गए परिणाम को भी प्रभावित करता है।

यह महत्त्वपूर्ण क्यों है? इसके तीन कारण है : पहला, क्योंकि आपका नज़रिया प्रभावित करता है कि आप कैसे दिखते हैं, आप क्या कहते हैं और आप क्या करते हैं। दूसरा, क्योंकि यह प्रभावित करता है कि आप शारीरिक रूप से और मानसिक रूप से कैसा महसूस करते हैं और तीसरा, यह प्रभावित करता है कि आप अपने लक्ष्यों को प्राप्त करने में कितने सफल हैं। इससे अधिक बुनियादी और क्या हो सकता है?

आपका नज़रिया आपके अंदर से उपजा है। अगर आपको लगता है कि आप इसे नेगेटिव से पॉजिटिव में बदल सकते हैं तो इस सोच से ही आपने ऐसा करने के लिए पहला कदम उठा लिया है।

आपके पास अपने विचारों को नियंत्रित करने की क्षमता है। दुनिया केवल उन्हीं लोगों को आगे बढ़ने का मौका देती है, जो दृढ़-निश्चयी हैं, दूसरे लोगों को सीमित कर देने वाली अड़चनों पर हंसते हैं और उन बाधाओं को पार करते है, जिन पर दूसरे ठोकर खाकर गिर जाते हैं।

सकारात्मक दृष्टिकोण का निर्माण खुद पर विश्वास होने से शुरू होता है। आत्मविश्वास आपकी क्षमता को मज़बूत करता है, ऊर्जा दोगुनी करता है, मानसिक

क्षमताओं को मज़बूत करता है और शक्ति बढ़ाता है।आपके विचार आपके दृढ़ विश्वास के बल, आपके निर्णय के तरीके और आपके विश्वास की शक्ति की ओर संकेत देंगे।

आपकी सफल होने की क्षमता की निरंतर पुष्टि और आपका दृढ़ संकल्प आपको कठिनाइयों से पार ले जाएगा।यह आपकी बाधाओं को हटाने, दुर्भाग्य पर हंसने और कुछ हासिल करने की ताकत को मज़बूत करेगा।यह आपकी प्राकृतिक क्षमताओं और शक्तियों को मज़बूत करता है और उन्हें सही रास्ते पर रखता है।

निरंतर दृढ़ता से हिम्मत बढ़ती है और यही हिम्मत आत्मविश्वास की रीढ़ है। इसके अलावा, जब गैरी जैसे लोग किसी मुश्किल हालात में होते हुए भी कहते हैं, "मुझे चाहिए," "मैं कर सकता हूँ," "मैं करूँगा," तो वे न केवल अपनी हिम्मत और आत्मविश्वास को मज़बूत करते है, बल्कि इसके विपरीत वह नकारात्मक गुणों को भी कमजोर करते हैं।जो कुछ भी, वास्तविकता तो यह है जो सकारात्मकता को मज़बूत करेगा, वही नकारात्मकता को भी कमजोर करेगा।

अगर हम महान उपलब्धियों और उन्हे पाने वाले लोगों का विश्लेषण करें तो सबूत के तौर पर उनकी सबसे प्रमुख विशेषता सकारात्मक दृष्टिकोण है।इन लोगों को पूरा विश्वास होता है कि वे जो काम हाथ में लेंगे, उसके सफल होने की पूरी संभावना होगी। बाहरी लोगों को चाहे उनका व्यवहार बेवकूफ़ी भरा नहीं तो दुस्साहसी ज़रूर लगता होगा।

सकारात्मक सोच के अभ्यास से क्षमता बढ़ने के दो बहुत बड़े कारण है।सबसे पहले, आपका जो टैलेंट अब तक छुपा हुआ था, यह सोच उसे खोलती है। फिर, अज्ञात संसाधन लाती हैं; और दूसरा, यह भय, चिंता, घबराहट और सफलता के शत्रुओं को कम करके मस्तिष्क का ध्यान केंद्रित रखती है।यह दृष्टिकोण मन को सफल होने की स्थिति में रखता है। यह आपकी अन्तर्दृष्टि को तेज करती है। इससे आपको एक नई शुरुआत का स्रोत मिलता है।यह दृष्टिकोण आपको बदल देता है ताकि आप झूठे आश्वासन, संदेह, भय और अनिश्चितता के बजाय अपने लक्ष्य, निश्चितता और आत्मविश्वास की ओर मुड़ें। भविष्य की कोशिशों को बेअसर करने वाली अतिरिक्त सावधानी या चिंता की बजाय यह आपको अपनी कोशिशों के परिणामों को भुनाने में मदद करता है।

इस पुस्तक के लेखक रोजर फ्रिट्ज नेपरविले, इलिनोइस में स्थित ऑर्गनाइजेशन डेवलपमेंट कंसल्टेंट के अध्यक्ष हैं। उनके पास एक शिक्षक (विस्कॉन्सिन और पर्ड्यू विश्वविद्यालय) के रूप में 40 से अधिक वर्षों का अनुभव है, इसके अलावा, वे प्रबंधक (कमिन्स इंजन), कॉर्पोरेट एक्जीक्यूटिव (जॉन डीर), विश्वविद्यालय के अध्यक्ष रहे है और बहुत से नामी क्लाइंट्स के अत्यन्त सफल सलाहकार है, जिनमें, एटी एंड टी,

ब्रंसविक, आईबीएम, कैटरपिलर सहित स्टेट फार्म बीमा, मोटोरोला, पिज्जा हट, सारा ली के साथ ही पूरी दुनिया में 350 से अधिक अन्य छोटे-बड़े निगमों और संगठनों के नाम शामिल है।

डॉ. फ्रिट्ज ने 50 किताबें लिखी हैं, 25 ऑडियो एल्बम तैयार किए हैं और तीन वीडियो प्रशिक्षण श्रृंखला संपादित की है। छह कॉर्पोरेशंस ने उनके निदेशक मंडल सदस्य के रूप में उनके व्यापक अनुभव का दोहन किया है। साप्ताहिक समाचार पत्र और मासिक राष्ट्रीय पत्रिकाओं में उनके कॉलम कि 'अमेरिकी अपनी नौकरी पर और बाहर अपनी प्रभावशीलता कैसे बढ़ाते हैं' यह लाखों पाठकों पर निरंतर प्रभाव डालते हैं। उनकी पुस्तकें 38 देशों और भाषाओं में प्रकाशित और वितरित की जाती हैं।

जिस तरह उसने इतने सारे ग्राहकों को नेगेटिविटी से उबरने, उनके सकारात्मक दृष्टिकोण और उनके विचारों को सुदृढ़ करने में मदद की, वैसे ही उनके सुझाव लंबे समय तक आपकी कई तरह से मदद करेंगे।

सकारात्मक दृष्टिकोण बनाए रखने से छिपी हुई क्षमताओं से परदा हटता है और यह आपके अप्रयुक्त संसाधनों को इकट्ठा करता है। यह उन स्थितियों का गठन करता है जो प्रतिभाओं का सर्वोत्तम उपयोग करने, नया नज़रिया प्रदान करने, आत्मविश्वास के साथ लक्ष्य निर्धारित करने और कुछ नई कोशिश करने की अनिच्छा पर काबू पाने के लिए आवश्यक है।

जब आप इस पुस्तक को पढ़ें तो सोचें कि अगर आप इन परखे गए सिद्धांतों को दिन-प्रतिदिन लागू करते हैं तो कैसे इनमें से प्रत्येक का आपके व्यक्तिगत जीवन और कैरियर पर सकारात्मक प्रभाव पड़ सकता है।

– आर्थर आर. पेल,
पीएच.डी., संपादक

1

अपनी दुनिया की विवेचना करना

हमारे सामने आने वाला कोई भी तथ्य हमारे लिए उतना महत्त्वपूर्ण नहीं है, जितना इसके प्रति हमारा व्यवहार महत्त्वपूर्ण है, जो सफलता या असफलता तय करता है।

– नॉर्मन विंसेंट पील

सकारात्मक दृष्टिकोण बनाने के लिए पहला कदम, आपका अपने वर्तमान व्यवहार की वास्तविक प्रकृति से वाकिफ होना है। यह जितना आसान लगता है, हमेशा उतना आसान नहीं होता, लेकिन आप विभिन्न स्थितियाँ में कैसे प्रतिक्रिया करते हैं, यह बात आपके चल रहे बुनियादी नज़रिए के बारे में बहुत कुछ बता सकती हैं। अपने किसी भी प्रयास में सफल होने के लिए आपको उसके प्रति सकारात्मक दृष्टिकोण के साथ पेश आना चाहिए।

आपके सकारात्मक दृष्टिकोण का स्तर

अपना सकारात्मक दृष्टिकोण तय करने के लिए, आप निम्नलिखित प्रश्नों का उपयोग यह तय करने के लिए करें कि आप अक्सर कौन सा विशेष व्यवहार दिखाते हैं। अगर कभी नहीं है तो 1 नम्बर दें, अगर शायद कभी हो तो 2, यदि यह कभी-कभी होता हो तो 3, यदि ऐसा आमतौर पर होता है तो 4 और यदि यह लगभग हमेशा होता है तो 5 दें। याद रखें, यह आपके पॉजिटिव एटीट्यूड कोशेंट को निर्धारित करने में आपकी मदद करने के लिए है, इसलिए स्वयं के प्रति ईमानदार रहें।

_____________ मैं असफलता से जल्दी उबर सकता हूँ।

_____________ मेरे निजी लक्ष्य हैं, जिन पर मैं काम कर रहा हूँ।

_____________ मैं लक्ष्यों की प्रगति पर अपनी नज़र रखता हूँ और ज़रूरी बदलाव करता हूँ।

_____________ जिन नए लोगों से मिलना है, वे चाहे मुझे पसंद हो या नहीं पर मैं धीरे-धीरे अपना मन बना लेता हूँ।

_____________ मुझे दूसरे लोगों से बहुत अच्छे आइडियाज मिलते हैं।

_____________ जो मुझे बिना ज्यादा मदद लिए जानना चाहिए, वह मुझे मिल सकता है।

_____________ मुझे वह करने के लिए याद दिलाने की ज़रूरत नहीं है, जो मैं करने के लिए तैयार हूँ।

_____________ मैं निराशावादी लोगों का तुरंत पता लगा सकता हूँ।

_____________ मुझे लोगों की व्याख्या सुनने में आनंद आता है, भले ही मैं उन्हें व्यक्तिगत रूप से पसंद नहीं करूँ।

_____________ मैं उन लोगों के साथ भी धैर्य रखता हूँ, जो मुझसे असहमत हैं।

कुल : _____________

आइए चर्चा करते हैं कि आपने प्रत्येक प्रश्न और उसके अर्थ को कैसे चिह्नित किया। यदि आपने 40+ स्कोर किया है, तो आपके पास एक मज़बूत सकारात्मक दृष्टिकोण है जो आपको एक लीडर के रूप में विश्वसनीयता और एक सुसंगत या अनुकूल सहकर्मी का रूप देगा।

यदि आपने 30-40+ स्कोर किया है तो आपके पास सामान्य सकारात्मक नज़रिया है।यह आपके लिए बढ़िया काम करेगा और दूसरों पर इसका अनुकूल प्रभाव होगा।

यदि आपने 20-30+ स्कोर किया है, तो आपका व्यवहार बड़ा अस्थिर प्रकृति का है और यह घर और काम दोनों पर आपके रिश्तों में भ्रम और अनिश्चितता पैदा करेगा।

यदि आपका स्कोर 20 से कम है, तो आपका व्यवहार नकारात्मक है, जो आपके रिश्तों और काम में विश्वास को बाधित करेगा।

PAQ स्केल का उपयोग करने से आपको यह तय करने में मदद मिलेगी कि इन क्षेत्रों में से कौन सा क्षेत्र है, जिसमें आपको अपने व्यवहार की सकारात्मकता और प्रभाव बढ़ाने के लिए काम करने की ज़रूरत है।

स्वयं के प्रति अपने दृष्टिकोण का आकलन करें

यदि आप शारीरिक रूप से स्वस्थ हैं, तो आपके जीवन जीने की क्वालिटी ज्यादातर आपके बेहतर व्यवहार पर निर्भर करेगी।इसलिए, यह विचार करना महत्त्वपूर्ण है कि व्यवहार आंतरिक रूप से आपको, खुद के लिए और बाहरी रूप से दूसरे लोगों के लिए, दोनों तरह से दर्शाता है।

यह निर्धारित करने के लिए अपने आप से कुछ सवाल पूछें कि क्या आप आमतौर पर अपने प्रति सकारात्मक दृष्टिकोण रखते हैं।उत्तर हाँ / नहीं / कच्चा पक्का।

1. क्या आप एक शिक्षार्थी है या ठुकराने वाले हैं? क्या आप आमतौर पर यह मानने को तैयार रहते हैं कि सभी सवालों के जवाब सभी के पास नहीं होते और कोशिश करना जारी रखते है?

2. क्या आप काम के दौरान अपना सर्वश्रेष्ठ करते हैं? तो इसका सबूत यह होगा कि आप बेहतर तरीके लाने की प्रवृत्ति रखते हैं।

3. क्या आप जो कहते हैं और करते हैं, उनमें से अधिकांश कामों में उत्साह दिखाते हैं? इस मामले में आपका रिकॉर्ड क्या कहता है? आपके दोस्त आपको क्या कहते है?

4. क्या आप आगे बढ़ने की चाहत रखते हैं? क्या आपको लगता है कि अपनी तरक्की के लिए खुद को तैयार करने की जिम्मेदारी आपकी है, या किसी और का इंतज़ार करते हैं कि वह आपको बताए कि क्या करना है?

5. क्या आप नए परिवर्तनों का स्वागत करते हैं? क्या आप इस तरह के व्यक्ति हैं जो नए प्रयोग करता है, जो नए तरीके से चीजों की कोशिश करता है और जिसका दिल आम तौर पर सुझावों के लिए खुला है?

6. और आखिरी में, लेकिन निश्चित रूप से महत्त्वपूर्ण कि क्या आप में हंसी-मजाक करने की क्षमता है? क्या आप खुद को किसी और की अपेक्षा ज्यादा गंभीरता से लेते हैं? क्या आप जो काम कर रहे हैं उससे आपको कुछ खुशी मिलती है? क्या यह आपके लिए मजेदार है?

व्यवहार एक छोटी सी चीज है, जो
एक बड़ा अंतर ला देता है ।

– विंस्टन चर्चिल

दूसरों के प्रति अपने दृष्टिकोण का मूल्याँकन करें

क्या आप दूसरे लोगों के प्रति लगातार एक सकारात्मक व्यवहार अपना रहे हैं? यहाँ कुछ तरीके दिए गए हैं जिनसे आप इसकी जाँच कर सकते हैं।

क्या आप वास्तव में रुचि रखते हैं? क्या आप दूसरों की ज़रूरतें और उनकी समस्याओं की बात करते हैं? ईमानदारी झूठी नहीं हो सकती।

क्या आप दूसरे के दृष्टिकोण से भी देखते हैं? कि उन्हें कैसा लगता है, वे ऐसा क्यों महसूस करते हैं, वे ऐसे क्यों सोचते और काम करते हैं? क्या आप इसका अध्ययन करते हैं? क्या आप एक अच्छे श्रोता हैं?

क्या आप समान लक्ष्यों को पाने के लिए सहयोग करने में सक्षम हैं? क्या आप एक अच्छी टीम के खिलाड़ी हैं?

सोच, सकारात्मक और नकारात्मक रूप से झलकती है

व्यवहार आपके जीवन और आपके काम के हर पहलू को प्रभावित करता है। कार्यस्थल पर सुरक्षा इसका एक अच्छा उदाहरण है। इस मामले में नकारात्मक व्यवहार यह हो सकता है :

- **लापरवाही :** "इससे वास्तव में कोई फर्क नहीं पड़ता।"

- **अज्ञानता :** "मुझे नहीं पता था कि यह हो जाएगा।"

- **भाग्यवाद :** "अगर होना होता है तो होता ही है।"

- **निंदा :** "ये सब फिल्में और पोस्टर सिर्फ बच्चों की सामग्री हैं।"

- **आलस्य :** "वह सख्त टोपी, आँखों के रक्षक या वे सुरक्षात्मक जूते पहनना बहुत परेशानी की बात है।"

- **असावधानी :** "कुछ लोग सोचते हैं कि ख़तरा ही जीवन का स्वाद है और वे हाशिए पर रहना पसंद करते हैं।"

- **अति आत्मविश्वास :** "20 वर्षों में मुझे चोट नहीं लगी है और अब लगने की भी संभावना भी नहीं है।"

वहीं दूसरी ओर सकारात्मक सोच, उन लोगों को बहुत आगे की ओर ऐसी स्थिति में ले जाएँगी जहाँ पहुँच कर वे कहेंगे, "हो सकता है कि इसमें थोड़ी देर लग जाए, लेकिन मैं इसे करके सुरक्षित रहूँगा।"

यह एक दूसरे के लिए ऐसे दृष्टिकोण की ओर ले जाएगा जहाँ पहुँच कर आप कहेंगे "मैं जानना चाहता हूँ आपके क्या लक्ष्य हैं, क्योंकि मैं चाहता हूँ कि हम दोनों बेहतर हों। यह आपको प्रशंसा के दृष्टिकोण की ओर ले जाएगा, जहाँ यह कहना आसान है कि उस सुझाव के लिए धन्यवाद।" यह आपको और अधिक संपूर्णता की ओर ले जाएगा कि "मैं इसे पहली बार में ही सही करना चाहता हूँ ताकि किसी को कोई दिक्कत न हो।"

यह कर्तव्यनिष्ठा की ओर ले जाएगा : "मैं इसे ठीक करना चाहता हूँ, ताकि मैं इसे न भूल जाऊँ और यह किसी के लिए खतरा न हो जाए। यह आपको ज़्यादा सतर्कता की ओर ले जाएगा : "यदि मैं ध्यान रखूँ और सावधान रहूँ तो यह इससे जुड़े सभी लोगों के लिए सुरक्षित होगा।"

सफलता के लिए प्रतिभा से भी कुछ अधिक की ज़रूरत होती है। जहाँ प्रतिभा और नॉलेज ज़रूरी है, वहीं आपकी मन:स्थिति ऐसी चाबी है, जो इन दोनों को खोलती है। इसमें दूसरों पर निर्भरता भी शामिल है। यहाँ गर्व एक मौलिक संतुष्टि बन जाता है जो आपको किसी भी काम में हो सकता है, लेकिन इसमें दूसरों के अधिकारों को सम्मान देने की ज़रूरत होती है, इसके लिए वे जो कुछ करते हैं उसके लिए आप उन्हे श्रेय दे सकते हैं। आप उनका काम अधिक कुशलता से करने में उनकी मदद पर विचार कर सकते हैं और इसके लिए उस तरह के उत्साह की आवश्यकता होती है जो प्रगति को बढ़ावा दे। यहाँ तक की सिर्फ एक मुस्कान से भी प्रोत्साहन आ सकता है और दूसरों के चेहरे पर मुस्कान भी हो सकती है जो आपको फीडबैक देगी।

पहचानें कि दुश्मन आमतौर पर अपने अंदर होता है और अपने दृष्टिकोण का विश्लेषण करने का पहला कदम, अपने आप से शुरुआत करना है।

अपने नजरिए में बदलाव द्वारा सभी मनुष्य
अपना जीवन बदल सकते हैं।

– एंड्रयू कार्नेगी

खुद के लिए सोचें

यह सलाह हमें रॉबर्ट लुइस स्टीवेन्सन ने अपनी किताब "क्रीड फॉर पॉजिटिव लीविंग" में दी है।यह सलाह काफी समय पहले दी गई है, लेकिन अभी भी बहुत मान्य है।

सकारात्मक रहने के लिए अपना मन बनाएँ। छोटी-मोटी साधारण सी बातों में आनंद खोजना सीखें। अपनी परिस्थितियों को सर्वोत्तम बनाएँ।किसी एक के पास सब कुछ नहीं है और सबके जीवन में उनकी खुशियों के साथ कुछ न कुछ दुख मिला हुआ है। युक्ति यही है कि हँसी का पलड़ा आँसुओं से अधिक भारी कर लें।सारे जोखिमों से बचने की कोशिश न करें।यह न सोचें कि दूसरों पर पड़ने वाली दुर्भाग्य की छाया से कैसे अपना बचाव किया जाना चाहिए। ऐसा होना संभव नहीं है और जब आपको पता चलेगा कि ऐसा नहीं होता है तो आप निराश होंगे। भविष्य हमेशा अनिश्चित होता है।

आप सभी को खुश नहीं कर सकते। आलोचना से अपने आपको अधिक प्रभावित न होने दें। अपने पड़ोसियों या "ज्ञान की परिपाटी वालों को" अपने लिए निर्णय न लेने दें।वास्तविक बने रहें।लंबे समय में यह बात बेहतर काम करेगी। वे चीज़ें करें जिनमें आपको मज़ा आता है। मुसीबत मोल न लें।काल्पनिक बातों को झेलना अक्सर हकीकत से ज़्यादा कठिन होता हैं।

स्टीवेंसन ने कहा, "नफरत आत्मा को जहरीला करती है" इसलिए दूसरे लोगों के पास क्या है, इससे ईर्ष्या न करें।द्वेष न रखें।उन लोगों से बचें जो आपको दुखी करते हैं।ऐसे बहुत से शौक है जो आप कर सकते हैं।यदि आप यात्रा नहीं कर सकते तो नई जगहों के बारे में पढ़ें।आप कहाँ नहीं गए या आपने क्या नहीं किया है, इस पर पछतावा न करें।गड़े मुर्दे न उखाड़ें।अपना जीवन अपने दुखों और ग़लतियों पर सोच-विचार करने में न गुजारें ।

वह मत बनो जो कभी चीजों से बाहर ही नहीं आ पाता।रुकें और अपने जीवन में उन लोगों के बारे में सोचें जो अतीत में रहते हैं या किसी से रंजिश रख रहे हैं।उनके व्यवहार पर विचार करें, चाहे वह सकारात्मक हो या नकारात्मक और फिर देखें कि क्या आप उनके जैसा बनना चाहते हैं।

आप स्वयं से कम भाग्यशाली लोगों के लिए आप जो कर सकते हैं, वह करें और सबसे बढ़कर किसी न किसी काम में व्यस्त रहें।एक व्यस्त व्यक्ति के पास कभी दुखी होने का वक्त नहीं होता।

जब आप उस बिंदु पर पहुँच जाते हैं जहाँ आपकी वर्तमान स्थिति आपको बहुत सारे आत्म-संदेह की ओर ले जा रही हो तो याद रखें कि जीवन एक यात्रा है, मंज़िल नहीं।हम हमेशा निष्कर्ष पर पहुँचने की प्रक्रिया में होते हैं।ऐसा इसलिए है क्योंकि हम

हमेशा परिवर्तन, भय या असफलता या यहाँ तक कि सफलता के साथ भी संघर्ष कर रहे होते हैं।हाँ, सफलता में भी समस्याएँ शामिल हो सकती है और हम उस पर भी चर्चा करेंगे।एडजस्टमेंट की ज़रूरत हमेशा होती है।

पहली बार के अनुभव अक्सर जोखिम भरे होते हैं।आपको नई परिस्थितियों के लिए एडजस्ट करना होगा।आपको कई लोगों के अनुकूल ढलना पड़ सकता है।यह आपको तय करना होगा कि आपको कितनी भावना दिखानी चाहिए, विशेष रूप से काम करते समय।आप इस बारे में चिंता कर सकते हैं कि क्या आप किसी मुश्किल में हैं, और यदि हाँ, तो इससे कैसे बाहर निकला जाए।नए अनुभवों का सामना करने के लिए, एक सकारात्मक आत्म-छवि और सकारात्मक व्यवहार जरुरी है।

आत्म-छवि कैसे प्रभावित करती है, इसका शक्तिशाली सबूत परिणाम है।जिस तरह से आप खुद को देखते हैं, वह आपके दृष्टिकोण को प्रभावित करता है।वह बदले में, आपके कामों पर प्रभाव डालता है और वही आपकी उपलब्धियाँ तय करता है।

तब, आत्मविश्वास हासिल करने, सम्मान पाने और बेहतर परिणामों के साथ प्रभावी सकारात्मक बदलाव की कुंजी एक अच्छी आत्म-छवि बनाने और उसे बनाए रखने में निहित है।

सच्चाई तो यह है कि हममें से ज्यादातर अक्सर ऐसा करने में नाकाम हो जाते हैं क्योंकि हम अपना ज़रूरी दैनिक भार संभाल नहीं पाते।इसमें अंतर्निहित समस्या यह है कि हम एक्शन लेने की पहल करने की बजाय उसी बहाव में बह रहे हैं और अपनी प्रतिक्रिया दे रहे हैं।इसे फसल बोने से समझें।

अगर हम आत्म-मूल्य, आत्मविश्वास और अवसरों की बेहतर फसल चाहते हैं, तो हमें बदलाव करना चाहिए और जो किया जा सकता है उस पर नियंत्रण हासिल करना चाहिए, जो नहीं किया जा सकता उसकी चिंता न करें।जैसे, यदि आप एक किसान हैं, तो आप मौसम के बारे में लगातार चिंता नहीं कर सकते।

दूसरों को दोष देने, आत्मग्लानि में लिप्त रहने, बदला लेने या पिछली गलतियों पर ध्यान केंद्रित करने में समय और ऊर्जा बर्बाद करने में नहीं रहना चाहिए।हमें अपनी शंकाओं और भय को समझना पड़ेगा, लेकिन सिर्फ विश्लेषण करने से परिवर्तन नहीं होता।यह केवल एक्शन लेने से होता है।यह आसान नहीं होता और इसके लिए दृढ़ संकल्प और अनुशासन की आवश्यकता होती है।

अपने बारे में महसूस करने के तरीके को बदलें

आप अपने बारे में महसूस करने के तरीके को बदल सकते हैं।

इसमें ये सुझाव आपकी मदद करेंगे:

1. अपनी निजी देनदारियों, पिछली गलतियों, असफलताओं और शर्मिंदगी की लिस्ट बनाइए और इसे जला दीजिए। इसे राख में बदलता देखें और जोर से कहें, "आज आखिरी बार मैं तुम्हें खुद को नीचे गिराने दूँगा। मुझे और भी ज़रूरी काम करने हैं।" आपके काम या एक्शन हमेशा आपके प्रमुख विचारों को पुष्ट करता हैं। उन पिछली गलतियों से सीखें और उनसे छुटकारा पाएँ। इसका बोझ अपनी पीठ से उतार फेंके।

2. अपनी निजी खूबियों, दक्षताओं और उपलब्धियों की लिस्ट बनाएँ। यथार्थवादी रिज्यूमे बनाना एक अच्छी शुरुआत है। अपने मित्र से मदद के लिए कहें। इसे तीन सप्ताह तक दिन में तीन बार जोर से पढ़ें और फिर हर रोज जैसे ही आप उठें, उसके बाद इसे पढ़ें। आपके काम आपके प्रमुख विचारों की पुष्ट करते हैं। यदि आपने कभी भी खुद को कीमती, योग्य या अतीत में अच्छा महसूस किया है तो आप फिर से भी ऐसा महसूस कर सकते हैं। आपने अपने कई साल दूसरों को आपको प्रोग्राम करने देने में बिताए हैं। अब यह आप पर निर्भर है।

3. हर रोज कुछ प्रेरणादायक या प्रोत्साहन भरा पढ़ें या सुनें। सकारात्मक कल्पना के लिए सकारात्मक उदाहरणों की ज़रूरत होती है। आपको दूसरे लोगों के अनुभव भी ज़रूरत है। उनके शोध, तकनीक और परिणाम आपके सीखने की अवस्था के साल कम कर सकते हैं और इससे आप दर्दनाक परीक्षण और ग़लतियों बच सकते हैं।

4. खास लक्ष्य को लिखें। यह आपके सहज, ऑटोमेटिक लक्ष्य खोज तंत्र को ट्रिगर करता है। यहाँ तक कि जब आप सो रहे होंगे, तब भी आपका अवचेतन आपको अपने रास्ते की रूकावटों, अड़चनों और हार से उबरने में मदद करेगा। जैसे ही आप अपने लक्ष्य हासिल करते हैं, लिखित प्रमाण आपको एक योग्य, कुछ प्राप्त करने वाले व्यक्ति के रूप में सपोर्ट करता हैं और अच्छी आत्म-छवि के बीज बोता है।

5. अपने भावनात्मक माहौल की जिम्मेदारी लें। जब आपका मन खुद को लेकर शंकाओं से घिरा हो तो आप बाज की तरह उड़ान नहीं भर सकते।

भावनात्मक गुरुत्वाकर्षण का नियम पक्का है। जिनके साथ आप जुड़े होते हैं, आप उनके जैसे हो जाते हैं।

आत्म-छवि निर्माण के ये शुरुआती कदम आपको बड़े आसान से लग सकते हैं, ये ध्वनि अनुसंधान और परिणामों पर आधारित हैं। लेकिन ये, जिसे मैं कहता हूँ – आंतरिक जमा पूंजी – की एक मज़बूत नींव हैं। जब आप अपनी ताकत और मूल्यों पर विश्वास करते हैं, उसे सपोर्ट करते हैं और खुद को योग्य और विजयी बनाने के लिए जिम्मेदारी स्वीकार करते हैं, तभी दूसरे लोगों पर आपका सकारात्मक प्रभाव पड़ सकता है।

स्वयं को ऊपर उठाएँ

जो कोशिश करते रहते हैं, वे अपने आप को
नयापन भी दे सकते हैं।

स्थायी सफलता रातोंरात मिलने की उम्मीद करना मूर्खता है। बहुत बार अक्सर इसमें सीढ़ी के निचले पायदान से शुरू करके अपने तरीके से काम करते हुए, एक-एक पायदान पार करना शामिल होता है। यहाँ बेसबॉल के महान खिलाड़ी, एडी मैथ्यूज एक अच्छा उदाहरण है।

सांता बारबरा, कैलिफोर्निया में हाई स्कूल से स्नातक करने के बाद, 17 वर्षीय मैथ्यूज को पेशेवर बेसबॉल खेलने के दो प्रस्ताव मिले। एक ब्रुकलिन डोजर्स से आया था जिसमें 60,000 डॉलर साइनिंग बोनस के तौर पर शामिल था। दूसरा बोस्टन ब्रेव्स से आया था जो 4,000 डॉलर का बोनस दे रहा था।

मैथ्यूज ने दोनों विकल्पों की तुलना कि अगर वह डोजर्स के साथ जाता है तो उसे अधिक पैसा मिलेगा और वह तुरंत ही एक बड़ी लीग टीम के लिए अधिकृत हो जाएगा। अगर वह ब्रेव्स के साथ गया तो उसे कम पैसे मिलेंगे और उनको माइनर लीग टीमों के साथ शुरू करना होगा।

मैथ्यूज ने महसूस किया कि उसे अभी बहुत कुछ सीखना है। उसे लगा कि माइनर लीग में शुरुआत करना अनुभव प्राप्त करने का सबसे अच्छा तरीका होगा और उसने ब्रेव्स का अनुबंध स्वीकार कर लिया। यह एक बुद्धिमान निर्णय था। माइनर में, मैथ्यूज ने कई पूर्व प्रमुख लीग सितारे खिलाड़ी जिनके करियर उतार पर थे, उनके साथ और उनके खिलाफ खेला। मैदान के अंदर और बाहर उनके साथ घूमकर उसने

सफलता की कुंजी सीखी : रोजाना कड़ी मेहनत करो, विनम्र बनो और जीतने के लिए जो कुछ भी करना है वह करो।

अपने करियर के दौरान, मैथ्यूज ने 512 घरेलू रन बनाए और एर्नी बैंक्स से टाई करते हुए ऑल टाइम करियर घरेलू रन लिस्ट में 13वें स्थान पर रहे।उन्होंने सीधे नौ सीज़न में 30 या अधिक घरेलू रन बनाए (जो एक रिकॉर्ड है),चार बार 40 या उससे अधिक घरेलू रन, 10 बार ऑल स्टार गेम्स में खेले और 1978 में उन्हें नेशनल बेसबॉल हॉल ऑफ फेम घोषित किया गया।

रिसर्च ने मैथ्यूज के निर्णय की पुष्टि की। मिनेसोटा विश्वविद्यालय में हुए एक हालिया अध्ययन ने निष्कर्ष निकाला कि जो युवा लोग अपनी किशोरावस्था में पार्ट-टाइम नौकरी करते हैं, उन्हे बाद में जीवन में इसका फायदा मिलता है।इसका कारण यह है कि वे जीवन के ज्यादातर सबक सीख चुके होते हैं, जो समय, बजट बनाने, पैसे के प्रबंधन, पारस्परिक कौशल और काम के तनाव से निपटते हुए सीखते हैं।

सबक : जो लोग जल्दी सीखते हैं उनके पास, बाद में योग्य बनने के लिए दौड़ने वालों की तुलना में "टिके रहने की शक्ति" ज्यादा होती है।

गलतियाँ सुधारें

ज्यादातर लोग मानते हैं कि रिचर्ड वैग्नर दुनिया के एक प्रसिद्ध संगीतकार इसलिए बन गए क्योंकि संगीत उन्हें कुदरत ने उपहार में दिया था।यह सच है कि उन्हे रंगमंच, कला और संगीत अच्छा लगता था, लेकिन वह मंच पर होना नापसंद करते थे, वे आड़ी-तिरछी साधारण रेखाओं से ज्यादा कुछ भी नहीं बना पाते थे और पियानो पर वह धीरे सीख रहे थे, लेकिन प्रतिभा की कमी को दृढ़ संकल्प ने दूर कर दिया।

जब वह 15 साल की उम्र में संगीतज्ञ बनने का सपना देख रहे थे तब उन्होंने पुस्तकालय का रूख किया और इस विषय पर कोई भी किताब लेते और उसे याद कर लेते।अपनी "इअर ट्रेनिंग" के लिए उन्होंने लीपज़िग ऑर्केस्ट्रा के एक वायलिन वादक से वायर और कीज़, वीणा समेत आर्केस्ट्रा के हर वाद्य की तकनीक सिखाने के लिए पूछा।उन्होंने बीथोवेन सहित सभी सफल संगीतकारों के कामों का अध्ययन यह समझने के लिए किया कि ध्वनि को कैसे कैप्चर करें।

फिर भी, वैग्नर की शुरुआती रचनाएँ बड़ी ही खराब थीं।उनके शुरुआती दर्शक अपनी हँसी नहीं रोक पाए।शर्मिंदा होकर वह 17 वर्षीय किशोर चुपके से थिएटर से बाहर निकल गया।

यह देखने के लिए कि वह क्या गलत कर रहा था, वैग्नर ने एक स्थानीय चर्च के संगीतकार की राय जाननी चाही। जिसने उसे कहा कि कोई नई कोशिश करने से पहले, वह बुनियादी बातों को बेहतर तरीके से समझे। फिर, उसने संगीतकार बैक और मोजार्ट के कार्यों को लाइन दर लाइन पढ़ना शुरू किया, ताकि वह किसी संगीत की धुन की रचना कर सके।

दूसरा मौका मिलने पर, दर्शकों ने उसके काम को पसंद किया और उनके करियर ने अपना रास्ता पकड़ लिया था। कहीं से भी आइडिया लेने के लिए खुले दिल वाले वैग्नर एक बार दोपहर के भोजन के बाद कुछ सुर लिखने के लिए पियानो पर बैठे। नीचे, एक पड़ोसी टिन की चादर पर हथौड़ा चलाने लगा जिससे एक भयानक कोलाहल पैदा हो रहा था। खुद रुकने या उसके पास जाने के बजाय, उन्होंने शोर पर ध्यान केंद्रित किया और उसी शोर-शराबे को साथ मिलाकर अपना संगीत बनाना शुरू किया। वही टुकड़ा वैग्नर के प्रसिद्ध *ओपेरा सिगफ्राइड* में एक प्रमुख दृश्य का हिस्सा बन गया।

बिल रसेल, जिनके बारे में कई लोग मानते हैं कि वह सर्वकालिक सबसे अच्छा डिफेंसिव बास्केटबॉल खिलाड़ी थे, ने कहा है कि उसने इतने दिलचस्प और गंभीर खेल खेले हैं कि वह जीते या हारे, इससे कोई फर्क नहीं पड़ा। वह तो इस कोशिश में लगे रहे की अपना सर्वश्रेष्ठ खेल खेले।

नाइक के संस्थापक फिलिप नाइट को यकीन है कि अपने व्यवसाय को बढ़ाने के लिए किए जाने वाले ज़रूरी काम, अपनी बड़ी कंपनी को रोजाना चलाने की तुलना में कहीं अधिक फल देने वाले लगते थे इसलिए उसने कंपनी को चलाने वाली वह नौकरी किसी और को दे दी। बिल गेट्स और डोनाल्ड डेल ने भी ऐसा ही किया। स्टीव जॉब्स ने एप्पल कंप्यूटर पर बहुत देर तक प्रतीक्षा की, वे शेयरधारकों द्वारा बेदखल कर दिए गए थे, लेकिन बाद में कंपनी को नई ऊँचाइयों पर ले जाने के लिए दृढ निश्चय करके वापस लौटे और उन्होंने भी वैसा ही किया।

बेहतर तरीके खोजें

लीडर्स द्वारा की जाने वाली सबसे बुरी गलतियों में से एक है, वे मानते हैं कि लोगों को एक दूसरे से बदला जा सकता है और उनमे कोई गुण नहीं होता। हमें कुछ मामलों में, कुछ अलग या नया सीखकर अपनी प्रतिभाओं और क्षमताओं का विस्तार करना चाहिए, लेकिन खुद को ऐसी स्थिति में नहीं रखा जाना चाहिए, जहाँ हमारी सर्वश्रेष्ठ प्रतिभाओं और क्षमताओं को कोई लाभ न मिले।

चेस्टर कार्लसन ने अपने हाथों में होने वाले गठिया के दर्द का प्रयोग एक मशीन विकसित करने की प्रेरणा के लिए किया जिसे फॉर्च्यून पत्रिका ने "इतिहास का सबसे सफल उत्पाद" कहा था।

किशोर चेस्टर को जिम्मेदारी जल्दी मिल गई। 14 हाल की उम्र में उन्हें अपने बीमार माता-पिता को सहारा देने के लिए काम करना पड़ा था। जब वह 17 साल के थे तब उनकी मां का निधन हो गया और जब वह 24 वर्ष के हुए, तब उनके पिता की मृत्यु हो गई। शुरुआती झटकों ने उन्हें और अधिक दृढ़ निश्चयी बना दिया। उन्होंने कैल टेक (कैलिफोर्निया टेक्नीकल यूनिवर्सिटी) के माध्यम से खुद को शिक्षित किया, फिजिक्स में डिग्री प्राप्त की और न्यूयॉर्क की बेल लैब्स में काम मिलने से पहले 82 फर्मों द्वारा उन्हें ठुकरा दिया गया था। 1933 में जैसे ही वह नौकरी से निकाले गए, उन्होने अपने अपार्टमेंट के छोटे से किचन में अपने आइडियाज के साथ प्रयोग करना शुरु कर दिया।

1934 में कार्लसन का काम हाथ से ड्रॉइंग की कॉपी बनाना था, लेकिन उनके हाथों का दर्द दिन-ब-दिन बढ़ता गया और वह कार्बन पेपर और मिमिओग्राफ को बदलने के तरीकों पर काम करने लगे।

अंत में अक्टूबर 1938 में, कार्लसन और उनके एक सहयोगी, ओटो कोर्नी ने दुनिया के पहले ऑफिस कॉपियर का निर्माण किया। सन् 1946 में हैलॉइड द्वारा खरीदे जाने से पहले जनरल इलेक्ट्रिक, आरसीए और आईबीएम सहित 20 कंपनियों द्वारा उनके आविष्कार को ठुकरा दिया गया था, हैलॉइड ने 1958 में अपने नाम में ज़ेरॉक्स जोड़ा।

सीख : उम्मीद करना और चाहना कभी भी काफी नहीं होता। परिवर्तन और सुधार तभी आता है जब आपके काम में दृढ़- संकल्प की शक्ति झिलमिलाती हो।

एक खराब सोच ही जीवन की सबसे बड़ी विकलांगता है।

– स्कॉट हैमिल्टन

2

दृष्टिकोण परिणामों को कैसे प्रभावित करता है

मैं यह नहीं कह रहा हूँ कि सकारात्मक नजरिया आपको
सफल बना सकता है । मैं कह रहा हूँ कि एक सकारात्मक
नजरिया आपको सफल बना देगा ।

– नॉर्मन विंसेंट पील

कोई भी नहीं, हाँ, आपके काम की संतुष्टि और खुशी, आपकी प्रगति और जॉब में तरक्की के लिए आपके बॉस की तुलना में आपके लिए कोई भी बहुत ज़्यादा ज़रूरी नहीं है।कुछ लोग भाग्यशाली होते हैं जिन्हे एक ऐसा बॉस मिलता है जो एक अच्छा लीडर, शिक्षक और विश्वसनीय सलाहकार हो जबकि कुछ को ऐसे बॉस के साथ काम करना पड़ सकता हैं जो इसके ठीक विपरीत हो।

इससे कोई फर्क नहीं पड़ता कि सुपरवाइज़र के रूप में किस्मत आपको क्या देती है, लेकिन आप अपने बॉस के लक्ष्यों, स्टाइल और काम की आदतों का अध्ययन करके और उसी के अनुसार अपने कामों को तैयार करके इसका ज़्यादा से ज़्यादा फ़ायदा उठा सकते हैं।

लिंडा ने अपने पर्चेंजिंग डिपार्टमेंट के काम में बहुत पहले ही सीख लिया था कि पर्चेंजिंग मैनेजर, कैरल, उस तरह की इंसान थी जो अपने काम में सावधानी बरतती थी और उम्मीद करती थी कि उसके साथ काम करने वाले लोग भी वैसे ही हो।उसने देखा कि मैनेजर कैरल हमेशा काम शुरू करने से दस मिनट पहले अपनी डेस्क पर होती थी, उसने अपना काम सावधानी से व्यवस्थित किया हुआ था।वहाँ हर चीज के लिए एक

जगह थी और हर चीज अपनी जगह पर होती थी। लिंडा का पिछला बॉस बहुत ज़्यादा लापरवाह था और उसके लिए काम करते हुए अब लिंडा के काम में भी वही आदतें झलकती थी। अब उसने अपने काम संभालने के तरीके बदलने का संकल्प लिया। वह अपने बॉस से थोड़ा पहले आई, बहुत ही अच्छे, व्यवस्थित तरीके से अपना डेस्क सेट किया और यहाँ तक कि कपड़े भी अधिक शालीन पहनने लगी।

इस कारण से उसके कैरल के साथ अच्छे सफल रिश्ते की शुरुआत हुई और जो लंबा, खुशनुमा और नौकरी में तेजी से उन्नति की ओर बढ़ाने वाला साबित हुआ।

अपने बॉस के साथ व्यवहार में क्या करें और क्या न करें

- अपने बॉस के साथ अच्छे रिश्ते बनाने वाले लोगों का उदाहरण देखें। आखिरकार, उन्होंने उस इंसान को संभालना सीखा है। उनसे सीखने की कोशिश करें और उनके उदाहरण का अनुसरण करें।

- इस बात पर विचार करें कि अपने सुपरवाइज़र के साथ आपके खराब संबंधों के लिए आप भी आंशिक रूप से जिम्मेदार हो सकते हैं। याद रखें कि ताली दोनों हाथों से बजती हैं।

- आपका बॉस जिन कामों को करना नापसंद करता है, उन्हे करने की जिम्मेदारी लेने का प्रस्ताव देकर अपने बॉस का काम आसान बनाने की कोशिश करें।

- अपने बॉस के मिजाज पर नज़र रखें। दिन के समय और सप्ताह के उन दिनों का अवलोकन करें जब उसका मन सबसे गर्मजोशी के मूड में होता है।

- बॉस को बताएँ कि आप अपने साथ किए गए उसके व्यवहार के बारे में कैसा महसूस करते हैं। अपनी भावनाओं को न छिपाएँ। आप कैसा महसूस करते हैं, इस पर चर्चा करने के लिए सही समय और स्थान खोजने का प्रयास करें ताकि वह वाकई में आपको जान पाए। रुकें, जब तक वह शांत हो और फिर शांति से और निजी तौर पर बात करें। निश्चित रूप से, हमेशा ऐसा ही करें।

- अपनी प्रगति को मापते रहें। यदि आपकी सहयोग करने की रणनीति काम नहीं कर रही हैं, तो उसका पुनर्मूल्याँकन करें और और यदि आवश्यक हो तो कुछ और प्रयास करें। धैर्य रखें।

यह सब काम एक बार में होने की अपेक्षा न करें।

अब, क्या "नहीं करें" :

- अपने बॉस की ताकत को कभी भी चुनौती न दें, भले ही आप किसी विशेष स्थिति में उसके फैसले से असहमत हो।

- आलोचना को व्यक्तिगत हमले के रूप में न लें। भले ही वह सीमा से बाहर हो रहे हो, यह बात, आपकी नौकरी, जो आपको सुहाती हो और आपका बॉस, जो सहनीय नहीं हो, दोनों के बीच अंतर करने में मदद करेगी।

- स्वयं को ऐसी स्थिति में न लाएँ कि आप बॉस की स्वीकृति मांग रहे हो और वह आपकी आलोचना करे, जबकि इसकी ज़रूरत न हो। कुछ काम करें और उन्हें उनके बारे में बाद में बताएँ।

- अपने बॉस की पीठ पीछे चुगली करके उसे बदनाम न करें।

वफादार रहें !

- बॉस के सिर पर तब तक न चढ़ें जब तक ऐसा करना बहुत ज़रूरी न हो जैसे कोई इमरजेंसी या संकट की स्थिति। आदेश की अवहेलना करना, समस्याएँ हल होने की बजाय लगभग हमेशा ही समस्या बढ़ने का कारण बनता है।

- और सबसे बढ़कर, अपना स्वाभिमान मत खोइए। अगर आपकी सहयोग करने की रणनीति विफल हो गई है और बदलाव असंभव है तो अपने आत्म-सम्मान को बनाए रखने के लिए आपको जो करना है वह करें, भले ही इसका अर्थ नई नौकरी और नया बॉस खोजना ही हो।

> लोगों को लेकर आपका अंतिम निर्णय शब्दों या इरादे पर नहीं,
> बल्कि सबूत और परिणाम आधारित होना चाहिए।

भरोसेमंद लोगों की पहचान करें

अधिकांश बिज़नेस पैसे की कर्मा के कारण फेल नहीं होते, बल्कि इस बात का बहुत देर से पता चलने के कारण होते हैं कि इसमें गलत लोगों को शामिल किया गया था।

सबसे कम भरोसेमंद लोगों की प्रोफ़ाइल (एलवीपी प्रोफ़ाइल)

मैंने इस प्रोफ़ाइल को ऐसे हरेक व्यक्ति की पहचान करने के साधन के रूप में विकसित किया है, जो अब इस तरह से व्यवहार कर रहे हैं कि जिनके कारण आपके विफल होने की संभावना होगी। ध्यान दें कि प्रत्येक मुद्दे के लिए केवल दो उत्तर आवंटित किए गए हैं: दोषी और दोषी नहीं।

पहले खुद को रेटिंग देकर शुरू करें।

नाम : ________________________   दोषी   निर्दोष

दिनांक : ________________________

1. जो समस्याओं और शिकायतों को लगातार दरकिनार करते हुए उम्मीद करते हैं कि कोई और उन्हें संभालेगा।

2. जो लोगों को अनुशासित करने से बचते हैं।

3. चीजें गलत होने पर दूसरों को दोष देने वाले।

4. जो गलत बातों को बिना चुनौती दिए जाने देता हो।

5. जो काम या मीटिंग के लिए देर होने की चिंता नहीं करता।

6. जब तक संभव हो, प्रोजेक्ट पूरा करने को टालता रहे।

7. जो बाद में आलोचना करने के चक्कर में गलतफहमियों का स्पष्टीकरण मांगने से बचता हो।

8. जब सफलता बिल्कुल पक्की नहीं हो तो कभी भी किसी असाइनमेंट को खुद आगे बढ़कर हाथ में न ले।

9. जो समय सीमा के बारे में चिंता न करें।

10. जो सूचना के वही समान स्रोत और आधार बनाए रखता हो और अधिकतर तथ्यों की तुलना में विचारों पर आधारित निर्णय लेता हो।

11. जो जितना हो सके, टाल-मटोल करने की कोशिश करता है।

12. जो असहमत होने वाले सही लोगों को सजा देता हो।

13. जो काम सौंपने को सुधार और उत्पादकता बढ़ोत्तरी की बजाय बेकार कामों से छुटकारा पाने के तरीके के रूप में देखता हो।

14. जो चल रहे प्रोजेक्ट्स में व्यस्त रहता हो और भविष्य की योजना के बारे में असहज रहता हो।

15. जो भर्ती और चयन करने की अनुमति किसी और को देता हो।

16. निजी रूप से दूसरों की आलोचना करने के बजाय सार्वजनिक रूप से दूसरों की आलोचना करता हो।

17. जो ग्राहकों के संपर्क से कटा हुआ रहता हो।

18. बार-बार यह बात करता हो कि दूसरे उस पर कितने निर्भर हैं।

19. पदोन्नति योग्य लोगों के प्रोत्साहन और सहायता के बारे में न सोचता हो।

20. जवाब देने के लिए दूसरों पर निर्भरता से असहज होता हो।

21. जो अपनी सारी कोशिश सर्वोच्च प्राथमिकताओं के बजाय अपने पसंदीदा कामों पर लगाने के लिए फोकस करता हो।

22. जो शायद ही कभी दूसरों के अच्छे काम की तारीफ करते हों।

23. जो दूसरे लोगों की क्षमता को कम आंके।

24. जो जितना संभव हो उतना कम जोखिम लेता हो।

25. जो बुरी खबर देने से पहले जितनी देर हो सके प्रतीक्षा करे।

26. जो अपने प्रयासों को "नौकरी-के-घंटो" तक ही सीमित करता हो; जो घर के लिए शायद ही कभी काम लेता हो।

27. जो स्व-सुधार कार्यक्रमों में शामिल नहीं होता।

28. जो जितनी बार संभव हो, "अच्छे पुराने दिनों" के बारे में बातचीत में शामिल होता हो।

29. इस बारे में बहुत बात करता हो कि उनके टास्क का बढ़िया परफॉर्म करना कितना कठिन काम है।

30. जो अपने करियर को आगे बढ़ाने के लिए टैलेंटेड लोगों को छुपाता है।

अब अपनी प्रतिक्रिया के परिणामों का विश्लेषण करें:

0-4 दोषी मानने के फैसले : यह आप के लिए ऐसा जिम्मेदार व्यक्ति है जो आपको सबसे ज्यादा चाहिए।ऐसे लोगों को दूर न जाने दें।

5-10 दोषी मानने के फैसले : सही कोचिंग और मैनेजमेंट के साथ इस व्यक्ति का बड़ी जिम्मेदारी के योग्य होने की संभावना है।

11-20 दोषी मानने के फैसले : यह व्यक्ति आपको हर दिन और अधिक कमजोर बना रहा है।ऐसे लोगों पर सावधानी से नज़र रखें।

20 से अधिक दोषी ठहराने वाले फैसले : ऐसे व्यक्तियों के आपको गंभीर रूप से अक्षम करने की संभावना है।इन्हें निकालने के लिए बहुत लंबा इंतजार न करें।

ज़रूरी मदद लें

ऐसे लोगों से दूर रहें जो आपकी महत्वाकांक्षाएँ कमज़ोर करने की कोशिश करते हैं।कुछ लोग हमेशा ऐसा करते हैं, लेकिन जो वास्तव में महान है, वे आपको यह महसूस कराते हैं कि आप भी महान बन सकते हैं।

– मार्क ट्वेन

सफल लोग स्वीकार करते हैं कि दूसरों की परफॉर्मेंस पर निर्भर होने से वे कमजोर होते हैं।वे यह भी महसूस करते हैं कि वे ऐसे लोगों का चयन करके लाभान्वित हो सकते हैं जो उनकी काबिलियत में इज़ाफ़ा करेंगे।

एलवीपी प्रोफ़ाइल का उपयोग करके, आप हालात बिगड़ने से पहले समस्या से बचना सीख सकते हैं।आप लोगों से कह सकते हैं कि स्वयं को रेट करें, फिर चर्चा करें कि उन्होंने आपके उत्तरों की तुलना कैसे की है।यह तरीका उन कई ज़रूरी बिंदुओं को उजागर कर देगा जो आपके रिश्ते को सफल बनाने के लिए चाहिए।यह उन लोगों की क्षमता की पहचान करने में भी मदद करेगा जो :

- **अपेक्षाओं से ऊपर और परे जाएँ।**जो दूसरों ने उनसे पहले कर लिया है, वे उसे हासिल कर लेने के बाद भी नहीं रुकते।

- **ज़्यादा समस्याएँ नहीं, समाधान लाए।**जिनका ट्रैक रिकॉर्ड इंगित करता हो कि वे कभी नहीं कहते हैं : "आपको कोई समस्या है," बल्कि जो कहते हैं कि "हमें एक समस्या है।अगर इसे हल करने के लिए मैं आपको कुछ सुझाव दे सकता हूँ तो मुझे देखने दें।"

- **गलतियों को सुधार कर वापसी करते हैं।**वे जो उनकी अपनी खामियों के लिए दूसरों को दोष नहीं देते।वे शायद ही कभी कहते हैं, "मैंने वही

किया जो तुमने मुझे करने को कहा और यह गलत था। वे व्यवहार में लचीलापन रखते हैं और चीजों को करने के नए तरीके खोजते हैं।

- **जो बहाने नहीं बनाते। अगर चीजें गलत होती हैं। तो वे स्वीकार करते हैं और समस्या को ठीक करने के लिए आगे बढ़ते हैं।**

- **अपना काम पूरा करने के लिए रिमाइंडर पर निर्भर नहीं रहते। जो लंबे** समय वाले टास्क के लिए अंतरिम समय सीमा निर्धारित करने में सक्षम हैं ताकि वे नियत तारीख से घबराएँ नहीं।

- **जो सुधार के लिए काम करते हो। पूर्णता के लिए नहीं। जो लोग प्रत्येक** काम में पूर्णता खोजते हैं, वे निराश हो जाते हैं और खुद को इतने दबाव में डाल लेते हैं कि वे उसे शायद ही कभी वह पूरा करते हैं जो वे करने में सक्षम हैं।

- **आगे की सोचे।** यह सोच अप्रिय झटकों को खत्म करने में मदद करती है।

- **सफलताओं पर ध्यान न दें।** वे जो पिछली उपलब्धियाँ और साथ ही पिछली गलतियाँ से भी जल्दी आगे बढ़ जाते हैं।

- **बहुत अधिक कल्पना न करे।** वे संदेह होने पर स्पष्टीकरण मांगते हैं।

- **समझौतों पर बातचीत करें और फिर आगे बढ़ें।** वे यह पक्का करने के लिए आदेश का इंतज़ार नहीं करते कि वे जो कुछ कर रहे हैं, वह ठीक वैसे ही है, जैसे उन्हें करना चाहिए।

सबसे ज्यादा ज़रूरत उन लोगों की होती है जो, किसी काम को लेकर पहल करने वाले, शिक्षा या प्रशिक्षण देते हैं। यदि आप ऐसे लोगों को ढूंढ रहे हैं, हायर कर रहे है या काम पर रख रहे हैं जो लोग इन दस क्षेत्रों में मज़बूत हैं तो आपकी सफलता की बहुत ज़्यादा संभावनाएँ हैं।

क्या गलत है बनाम कौन गलत है

आपके सकारात्मक दृष्टिकोण के सबूत के तौर पर, इस मुद्दे पर लगातार ध्यान केंद्रित करना है और यह आपकी पहल करने की जिम्मेदारी के बारे में हो रही इस चर्चा के तले में 'क्या गलत है बनाम कौन गलत है' का मुद्दा है। 'कौन गलत है' की समस्या पर ध्यान केंद्रित करने का मतलब है कि आप हमेशा दोष देने के लिए किसी को खोजने की कोशिश करते रहते हैं।

जब आप किसी को दोष देने की कोशिश की लगे रहे हैं तो हर कोई इसे समझ जाता है।वे सभी आपसे थोड़ी बनाकर रखेंगे और प्रतीक्षा करेंगे कि अगली गाज किस पर गिरने वाली है।

व्यवहार और प्रभावशीलता

मानसिक क्षमताओं की तुलना में मानसिक दृष्टिकोण, व्यापार में
सफलता या असफलता कारण बनते है ।

– सर वाल्टर स्कॉट

दुर्भाग्य से हम व्यवहार और प्रभावशीलता के बीच के रिश्ते को नजरअंदाज कर देते हैं। यदि आप खास तौर पर, सुपरवाइज़र है, मैनेजर हैं या किसी भी प्रकार की नेतृत्व वाली पॉजिशन पर हैं तो, आपकी प्रभावशीलता का बड़ा हिस्सा इस बात से आंका जाता है कि आपके दृष्टिकोण ने प्राप्त परिणामों को कैसे प्रभावित किया है।

तथ्यात्मक प्रमाण क्या है वो कि आप सच में चाहते हैं कि जो लोग आपको रिपोर्ट देने वाले है वह सफल हो?

क्या सबूत है कि आप उनके साथ प्लानिंग करने के लिए उन्हे पर्याप्त समय देते है? आगे के लिए सोचते है? ज़रूरी संसाधन उपलब्ध करवाते है?

क्या सबूत है कि आप ऐसे संकट या इमरजेंसी में शांत रहते हैं, जब दूसरे तर्कहीन व्यवहार कर रहे होंगे? आपके आपा खोने या गुस्सा करना उनकी प्रतिक्रिया को प्रभावित करेगा।

क्या सबूत है कि आप रिस्क लेने को तो प्रोत्साहित करते ही हैं पर विफल होने के बाद दूसरों को बलि का बकरा बना कर अपनी भड़ास निकालने से भी बचते हैं? अगर आप लगातार ऐसा व्यवहार करते रहे तो बकरा बनने के इच्छुक लोगों को ढूंढना काफी कठिन होने वाला है।

क्या सबूत है कि आप बिना तुनकमिजाजी या नाराजगी जाहिर किए असहमत हो सकते हैं?

क्या सबूत है कि आप अपनी पावर और स्टेटस सिंबल्स का इजहार नहीं करते और ऐसे विशेषाधिकार का भी इस्तेमाल नहीं करते जो भय, अलगाव और संदेह पैदा कर सकता है?

क्या सबूत है कि आप उन्हे विस्तृत, व्यवहारिक और प्राप्य बनाने के उद्देश्यों से बातचीत करते हैं? क्या आप आदेश देने के बजाय बातचीत कर सकते हैं? क्या आप निर्देश देने के बजाय सीखा या समझा सकते हैं?

क्या सबूत है कि आपको शायद ही कभी कोई जानकारी नई या हैरानी भरी लगती है और जो पता होना चाहिए, वह जल्दी से पता लगा सकते हैं? यह महत्त्वपूर्ण नहीं है कि आप ऐन वक्त पर सब कुछ पता कर लेते हैं बल्कि यह नितांत ज़रूरी है कि ज़रूरी बात आपकी जानकारी में होनी चाहिए और आप जानते हों कि संबंधित जानकारी कहाँ से प्राप्त करनी है।

क्या सबूत है कि आप मुद्दे को जटिल बनाने के बजाय आसान कर सकते हैं? क्या आमतौर पर लोग आपको समझ पाते हैं? कितनी बार लोग आपके पास वापस आते हैं और कहते हैं, ”मैं वह समझ नहीं पाया।वास्तव में आप क्या कहना चाहते थे?

क्या सबूत है कि आप बेहतर निर्णय पर पहुँचने के लिए असहमति या एतराज भरे दृष्टिकोण को बढ़ावा देंगे? कहा जाता है कि जब जनरल मोटर्स के महान अध्यक्ष अल्फ्रेड स्लोन, के निदेशक मंडल ने एक विषय पर सर्वसम्मत मत गिने तो उन्होने कहा कि, “मैं उस निष्कर्ष से खुश नहीं हूँ।हम इसे स्थगित करते हैं और सुबह फिर मीटिंग करेंगे।हम अभी जितना देख रहे हैं, उससे कहीं अधिक होना चाहिए।”

नकारात्मक भावों पर नियंत्रण करना

ऐसे दौर भी आएगा जब आपको समझ आएगा कि समस्या आप खुद हैं।जब ऐसा होता हो तो ये टिप्स मदद करेंगे:

1. अपनी नकारात्मक सोच पर ध्यान दें। “अगर मैं इसे जारी रखता हूँ, यह मुझे कहाँ ले जाएगी?”

2. हँसो।इसमें कोई दो राय नहीं है कि हँसी अच्छी दवा होती है।

3. अपनी कमियों और असफलताओं को जीवन के हिस्से के रूप में स्वीकार करें, बल्कि ध्यान में रखें कि एक सकारात्मक दृष्टिकोण समस्याओं की गंभीरता और दूरी कम कर सकता है।

4. जब आप परेशान हों तो खुद के साथ शांति से बात करें।ये आपके तनाव के स्तर को बहुत कम कर सकता है।आराम करने के लिए समय निकालें। तनाव भरे दिन में खुद को रिचार्ज करने के लिए लंच अपने काम से किसी दूसरी जगह पर करें।

5. जब आप उदास महसूस करें, तो अपने आप से सकारात्मक बातें करें।

6. अपनी प्राथमिकताओं और लक्ष्यों की जाँच करें। क्या वे आपके हैं या दूसरों की उम्मीदें है?

7. आप जो कुछ भी कर सकते हैं उसे आसान बनाएँ।

8. छोटी-छोटी समस्याओं को बड़ा न होने दें।

9. परिवार और दोस्तों के साथ साझा करें।जीवन के अच्छे समय को ज़्यादा अच्छा बनाने वाले और बुरे वक्त के झटकों को कम करने वाले लोगों से घनिष्ठ संबंध रखें।अपनी जॉब की तरह अपने रिश्तों की बेहतरी के लिए उनमें भी ज्यादा से ज्यादा विचार और ऊर्जा लगाने की कोशिश करें।

10. दूसरों के साथ पॉजीटिव विकल्पों पर मंथन करें कि ज़्यादा पॉजीटिव या क्रिएटिव दृष्टिकोण के लिए क्या कहा या किया जा सकता था?

इसमें से अधिकांश काम आसानी से नहीं होंगे। माफी मांगना, फिर से शुरू करना, ग़लतियाँ स्वीकार करना, प्रयास करते रहना, सलाह लेना, यह सब कभी आसान नहीं होता।निस्वार्थी या परोपकारी होना या मज़ाक बनने का सामना करना भी कभी आसान नहीं होता।गलतियों से बचना निश्चित रूप से आसान नहीं है, क्योंकि हम जानते हैं कि कुछ गलतियाँ तो स्वतः ही हो जाती हैं।

आश्चर्यजनक रूप से, सफलता को बनाए रखना भी आसान नहीं है। ढेर सारे प्रलोभनों का सामना करना कठिन होता है।एक भी बुरी आदत को छोड़ना या माफ़ कर देना और भूल जाना आसान नहीं है।

कुछ करने से पहले सोचना आसान नहीं है।अपने उद्दण्ड या बेलगाम स्वभाव को वश में करना आसान नहीं है।इल्ज़ाम झेलना भी आसान काम नहीं है, चाहे आप इसके लायक ही क्यों न हो।इनमें से कोई भी काम आसान नहीं है, लेकिन ये सभी आपको अच्छे दिनों की ओर ले जाते हैं।

यदि आपके पास सकारात्मक दृष्टिकोण है और आप
लगातार अपना सर्वश्रेष्ठ प्रयास देने का प्रयास करते हैं तो
अंततः आप अपनी तात्कालिक समस्याओं को दूर कर ही
लेंगे और खुद को बड़ी चुनौतियों के लिए
तैयार भी पाएँगे ।

– पैट रिले

अपना आत्मविश्वास बढ़ाएँ

अपने आप पर विश्वास कैसे किया जाए? यह आत्मविश्वास का मूल है।नजरिया आपके बारे में कई चीजें दिखाता है, लेकिन उनमें से एक सबसे महत्त्वपूर्ण और प्रमुख प्रतिबिंब आपका आत्मविश्वास है।

बदले में, आत्मविश्वास चार कारकों द्वारा निर्धारित होता है :

1.   सबसे पहले, आप किन सीमाओं को स्वीकार करेंगे?

2.   दूसरा, आप क्या चुनाव करते हैं?

3.   तीसरा, आप अपनी गलतियों और अपनी सफलताओं से क्या सीखेंगे ?

4.   और चौथा, आपकी वृद्धि दर कौन तय करता है?

आप किन सीमाओं को स्वीकार करेंगे? 1960 के दशक में, जिमी हूगा दुनिया के शीर्ष स्कीयर्स में से एक थे।उन्होंने 1964 के ओलंपिक स्लैम में कांस्य पदक जीता लेकिन 1968 में, जब वह 25 साल की उम्र के थे, उस वक्त निराशाजनक प्रदर्शन करते हुए, वह उसमें केवल आठवें स्थान पर रहे।वह इस बात से अनजान थे कि उसके भीतर मल्टीपल स्कलेरोसिस नामक भयानक बीमारी पनप रही थी।जब उनकी बीमारी का निदान किया गया, तो कई डॉक्टर्स के अनुसार उसकी तंत्रिका क्षति बहुत गंभीर थी और उन्हें एक व्हीलचेयर तक सिमटना पड़ा।उन्होंने उन डॉक्टर्स पर विश्वास करने से इनकार कर दिया।अपनी इस हालत के बावजूद, उन्होंने काम के लिए अपनी साइकिल की सवारी की और रोजाना 20 मिनट तक एक्सरसाइज और स्विमिंग करने का अभ्यास करने लगे।उन्होंने खुद को फिर से स्की करना सिखाया।

उसका विचार था कि वह व्हीलचेयर में रहना सहन कर सकते हैं, पर असहाय होकर इंतजार करना सहन नहीं कर सकते।उनका लक्ष्य स्वास्थ्य कार्यक्रम के माध्यम

से अपने जीवन को पुनर्जीवित करना था।उसकी फिलॉसफी बड़ी सीधी सादी है।उसका मानना था कि उन्हें अपने रोग के आसपास काम करना है। उदाहरण के लिए, यदि आप तैरना नहीं जानते, तो आप सीधे झील में नहीं कूदते।पहले आप अपने पैर गीले करना शुरु करते है, फिर रोज़ाना थोड़ा और गहरा उतरते हैं। इससे आपको तैरने का आत्मविश्वास मिलता है।इस नजरिए ने न सिर्फ हूगा को उनकी बीमारी से निपटने में मदद की, बल्कि दूसरे लोगों की मदद करने के लिए अपने अनुभव के आधार पर हूगा सेन्टर की स्थापना के लिए भी प्रेरित किया जो एमएस (MS) को लेकर कार्यक्रम देता है।(अधिक जानकारी के लिए www.heuga.org पर जाएँ।)

न, यह किसी के लिए भी शक्तिशाली सलाह?

आप क्या विकल्प चुनते हैं?

एशविल, उत्तरी कैरोलिना की मनोवैज्ञानिक ऐन वेबर कहती हैं कि "चुनाव मुश्किल काम है क्योंकि यह हमें जिम्मेदार महसूस कराता है।" वह कहती है कि "अनिर्णय से अपने बेदाग बने रहने का फ़ायदा तो है, लेकिन अपने ही जीवन का नियंत्रण से बाहर हो जाना इसका नुकसान है।"

जेन बुर्का जो बर्कले, कैलिफोर्निया स्थित एक मनोवैज्ञानिक हैं, वह कई प्रकार के निर्णय न लेने वाले व्यक्तित्वों की पहचान बताती है।उदाहरण के लिए, पूर्णतावादी या परफेक्शनिस्ट, ये वे लोग हैं जो गलती करने का जोखिम उठाने के बजाय निर्णय लेने से बचते हैं।समझौता न करने वाले लोग वे होते हैं जो सब चाहते तो हैं, लेकिन अगर उन्हें कुछ देना या छोड़ना पड़े तो वे इसे समझौता महसूस करते हैं।आज़ादी- प्रेमी वे होते हैं, जिनके सामने कई विकल्प होते हैं, वे खुद को सिर्फ एक में बांधना नहीं चाहते।वे चाहते हैं कि उनके विकल्प हमेशा खुले रहे और आश्रित लोग वे हैं जो खुद से ज्यादा दूसरों पर भरोसा करते हैं।

अब, इन प्रकार की मानसिकताओं को जोड़ने वाला एक सामान्य विभाजक है – जो आपने अनुमान लगाया – वह आत्म-सम्मान की कमी है, जिसका अक्सर परवरिश से पता लगाया जा सकता है। पूर्णतावादी एक ऐसे परिवार से हो सकता है जिसमें गलतियों की आलोचना की गई थी।आश्रित प्रवृति वालों के निर्णय गलत बताए गए हो सकते हैं और इससे दुखी होकर अंत में उन्होने कोशिश करना छोड़ दिया हो।

सैन डिएगो के एक लेखक, माइक हर्निके कहते हैं कि उनकी कठोर परवरिश की वजह से उनमें आत्मविश्वास की कमी और बाद में अनिर्णय की भावना आई।"तारीफ मत करो, अपने बच्चों को सिर पर मत चढ़ाओ, उनकी बड़ाई मत करो।" यह सब

बच्चों के प्रति सख्त व्यवहार के लक्षण है।माइक के अनुसार, "यही मैं परीक्षा में अगर दस ए और एक बी लेकर घर आया तो मेरे पिता कहते, यह बी क्यूं मिला है?"

हर्नांके बताते हैं कि कैसे उन्होंने एक ही महिला को चार साल तक डेट किया, लेकिन जब तक उस औरत ने उसे अल्टीमेटम नहीं दिया तब तक वह उसे उससे शादी करने के लिए नहीं कह पाए थे। उन्होंने नोट किया कि वे 14 साल करियर के उतार-चढ़ाव में ही बीता दिए। शिक्षक से विज्ञापन कार्यकारी, उसके बाद वकील और फिर शेयर दलाल बना। आखिरकार 14 साल की देरी के बाद, अंत में उन्होंने लेखक बनने का अपना सपना पूरा किया, क्योंकि, उसके शब्दों में, "लेखक पैसा नहीं कमाते थे।"

फ्रैंक मैककोर्ट जब आयरलैंड से इस देश में आए तो उस समय वह गरीब, अप्रशिक्षित और बिना दोस्त के थे। मेहनती और कठोर श्रम वाले काम करके फ्रैंक मैककोर्ट अपनी कॉलेज शिक्षा के लिए खर्चा जुटाने में कामयाब रहे।हर्नांके की तरह वह भी लिखना चाहते थे, लेकिन इसके बजाय वह न्यूयॉर्क सिटी हाई स्कूल में अंग्रेजी के टीचर बन गए। उनकी सेवानिवृत्ति के बाद ही उनमें लेखन करियर शुरू करने का आत्मविश्वास आ पाया था। उनकी पहली किताब, एंजेला'ज एशेज एक बेस्ट सेलर बन गई और दो अतिरिक्त बेस्ट सेलिंग संस्मरण भी लिखे गए ।

मनोवैज्ञानिक मेरिल गिलमैन और डायने गेज, अपनी किताब, द कॉन्फिडेंस कोशेंट: 10 स्टेप्स टू कॉन्कर सेल्फ डाउट, में अनिर्णायक लोगों को सलाह देते हैं कि वे उन्हे अब तक मिले नेगेटिव मैसेज पहचानने होंगे।फिर उसके आधार पर उन्हें शंकित या डाउटर को विजुअलाइज करना चाहिए, जैसे कि माता-पिता जो बच्चों को उनके निर्णय को लेकर हमेशा उन्हें डांटते हैं और कोई एक सहारा, जैसे कोई ऐसा व्यक्ति जो लगातार सपोर्टिव था, फिर दोनों के साथ उन्हे पॉजिटिव रूप से एक साथ काम करने की कल्पना करनी चाहिए।आप जितने अधिक निर्णय लेते हैं, उतना ही अधिक आप देखते हैं कि दुनिया किसी भी तरह से खत्म नहीं होगी, आपका नियंत्रण उतना ही बढ़ता जाएगा।

यदि आप अधिक निर्णायक होना चाहते हैं, तो जबरदस्ती रोजाना कई छोटे-छोटे फैसले खुद लेने शुरू करें।जब तक आप सब कुछ नियंत्रण में महसूस न करें, तब तक रुकें नहीं।कहने का मतलब कुछ ऐसा है जैसे, मैं उस दिन धूम्रपान बिल्कुल छोड़ दूँगा, जिस दिन मुझे इसका स्वाद पसंद नहीं आएगा।ऐसा कभी भी होने वाला नहीं है। आपको यह तय करना होगा कि इस वादे को पूरा करने के लिए आप कौन से कदम उठाएँगे - और फिर उन्हें उठा लें।

अनिर्णय भविष्य का डर है।एक बार जब आप कोई काम करते हैं, तो आमतौर पर आप पाते हैं कि यह उतना भी डरावना नहीं है, जितना आपने सोचा था।अपने

फैसलों को छोटे चरणों में बांटने से शुरू करें। उदाहरण के लिए, जैसे आपको पर्सनल इनवेस्टमेंट करना हो तो पूरे शेयर बाजार के बारे में जानने की ज़रूरत नहीं है।बस वही सीखें, जहाँ आप निवेश करना चाहते हैं, हाँ, उसके बारे में आपको जानना ज़रूरी है।

अधिकांश निर्णय आपके लिए उतने महत्त्वपूर्ण नहीं होते जितना आप उनको लेकर प्रतिबद्ध होते हैं और कुछ उतने घातक नहीं होते, जितना आप उन्हें मानते हैं। महत्त्वपूर्ण जो है वह उन फैसलों के सही ढंग से काम करने की इच्छा।

"निर्णय लेने की क्षमता तब भी आसानी से नहीं आती," हनीके कहते हैं, "लेकिन अब यह बात अलग है कि मेरा निर्णय लेने का एक अपना इतिहास है।मैं उस तरफ बढ़ता हूँ और निर्णय लेता हूँ।"

सकारात्मक दृष्टिकोण हमें नियंत्रण से बाहर की घटनाओं या परिस्थितियों पर ध्यान केंद्रित न करें, बल्कि उन पर हमारी प्रतिक्रिया करने पर ध्यान केन्द्रित करें ।

3

प्रभावशाली लीडर सकारात्मक होते हैं

पछतावे के साथ पीछे मुड़कर देखना एक खतरनाक और स्वयं
को पराजित करने वाली आदत है, क्योंकि यह सकारात्मक सोच
अपनाने से रोकती है । आगे बढ़ो !

लीडर सफलता और असफलता दोनों से सीखते हैं जो सीधे तौर पर उनके दृष्टिकोण से संबंधित होता है।

सफल लीडर्स के लक्षण

आइए एक पल के लिए देखें कि सकारात्मक दृष्टिकोण कैसे सफल लीडर्स को प्रभावित करता है।

- उनमें हताशा को सहन करने की अधिक क्षमता होती है।
- वे दूसरों की भागीदारी को प्रोत्साहित करते हैं।
- वे लगातार खुद से सवाल करते हैं।
- वे स्पष्ट रूप से प्रतिस्पर्धी हैं।
- वे सभी हालातों में समान रहने के लिए अपने आवेगों को नियंत्रित करते हैं।
- वे जीत के समय खुशी से उन्मादी नहीं होते।
- वे हार के समय उदासी से मुंह नहीं लटकाते।

- वे कानूनी, नैतिक और सदाचार के प्रतिबंधों को पहचानते हैं।

- वे पूरे ग्रुप को लेकर वफादारी के प्रति सचेत होते हैं।

- उनके लक्ष्य यथार्थवादी होते हैं।

इसका मतलब अपने खुद के प्रति निजी विकास दर के बारे में यथार्थवादी होना है। खुद से पूछें :- "क्या मैं अपने विकास की जिम्मेदारी खुद लेता हूँ या किसी और की प्रतीक्षा करता हूँ? सफल लोगों की भी ईश्वर से कोई सीधी सिफ़ारिश नहीं होती। शारीरिक, भावनात्मक और यहाँ तक कि शैक्षिक रूप से भी, वे ज्यादातर हम लोगों जैसे ही होते हैं। बस, उनके पास व्यक्तित्व और बुद्धि अलग है और लक्ष्यों की दिशा में काम करने के उनके तरीके भी अलग हैं।

इन लोगों की साझा विशेषता यह है कि ये लोग अपने लक्ष्य में खुद को निवेश करते हैं। उदाहरण के लिए, वे लोग प्रभावी ढंग से मैनेज करते हैं, तकनीकी रूप से कुशल बनने के लिए ज़रूरी समय निकालते है, बौद्धिक रूप से खुद का विस्तार करते हैं और दूसरे की ज़रूरतों के प्रति संवेदनशील होते हैं।

सारांश यह है कि एक सकारात्मक व्यवहार आपके दूसरों से बढ़कर या खास बनने की राह रोशन करता है। दूरदर्शी और कर दिखाने वालों में मैनेजमेंट का वह गुण होता है कि वे अपने इन तरीकों से दूसरों को अपने लक्ष्य पूरा करने और आगे बढ़ने के लिए प्रेरित करते हैं।

चाहे उनके अपने आइडियाज हों या दूसरों के, वे व्यावहारिक तरीकों से उनका दोहन करके उन्हे लागू करते हैं।

वे जिम्मेदारी स्वीकार करते हैं।

इनमें बहुत थोड़ी व्यक्तिगत तकलीफ के साथ अहम निर्णय लेने की क्षमता होती है।

वे दृष्टिकोणों के बजाए तथ्यों पर जोर देते हैं। दक्ष मैनेजर पहले तथ्यों को इकट्ठा करता है और फिर उन्हे समस्याएँ सुलझाने या अवसरों को भुनाने के लिए काम में लेता है।

वे बातचीत में निपुर्ण होते हैं। टीम के सदस्य उनसे खुलकर बात कर सकते हैं क्योंकि वे जानते हैं कि जब भी उनके पास कुछ कहने के लिए होगा, उनका बॉस सुनने के लिए तैयार होगा।

वे इस बात की लगातार पुष्टि करते हैं कि कर्मचारियों की नौकरियाँ और आइडियाज महत्त्वपूर्ण हैं।

वे लोगों से अच्छे से रिलेट करते हैं।कुछ मैनेजर तकनीकी अक्षमता के कारण विफल हो जाते हैं।इससे बड़ी मुश्किल यह हो जाती है कि वे जिनका निरीक्षण करते है, उनके साथ प्रभावी ढंग से काम नहीं कर सकते।जो लोग अच्छी तरह से संबंध रखते हैं उन्होंने सीख लिया है कि असली सम्मान कैसे हासिल किया जाए:

1. अपने लोगों के साथ वैसा ही व्यवहार करना जैसा वे खुद के लिए चाहते हैं।

2. अच्छे शिक्षक और प्रशिक्षक बनना।

3. रचनात्मक आलोचना करना, और

4. अपनी व्यक्तिगत इच्छाओं को काबू करना।

वे उन कामों को छोड़ देते हैं, जो उन्हें अब नहीं करने चाहिए।वे या तो ऐसे टास्क किसी को सौंप देते हैं या गैर-ज़रूरी कामों को खत्म ही कर देते हैं।

वे सहानुभूति रखना जानते हैं।वे किसी को कुछ नया पेश करते समय उसे केवल सावधानी से समझाते ही नहीं हैं बल्कि समस्याओं, आपत्तियों और डर का अंदाज़ा भी लगा लेते हैं।वे बदलाव को एक टीम मेम्बर के दृष्टिकोण से देखते हैं।वे यह देखने में सक्षम होते हैं कि पहले किस समस्या को क्या दूर किया जाना ज़रूरी है, जिससे दूसरों का सहयोग मिल सकेगा।

मज़बूत प्रबंधकों को यह स्वीकार करने में कम डर लगता है कि उनके पास सब बातों के जबाव नहीं हैं।हालाँकि, उनके प्रश्न निर्माण, समाधान, संशोधन और सुधार को लेकर होते है, बजाय यह पता लगाने के, 'कि गलती किसकी थी या उसे दोषी ठहराया जाना चाहिए जरुरी है।

वे जिज्ञासु होते हैं।जब वर्तमान घटनाओं, अपने फील्ड और फर्म के भीतर विकास के मुद्दे की बात आती है तो वे काफी जागरूक और सजग होते हैं।उनका झुकाव ज़्यादा पढ़ने- सीखने और टेलीविजन कम देखने की ओर होता है।वे अपनी ऊर्जा, उच्च प्राथमिकताओं और जो चीजें सबसे ज्यादा मायने रखती हैं, वे उनके लिए समर्पित होते हैं।

वे जोखिम लेने से नहीं डरते।आगे की सोच रखने वाले मैनेजर लोगों पर, स्थितियों पर और कठिन समस्याओं के समाधान खोजने के लिए दांव लगाने का जोखिम उठाएँगे।हालांकि, इसमें निरे साहस से कुछ अधिक शामिल है।वे कभी-कभी नए आइडियाज को टेस्ट करने के लिए, अपना काम भी एक तरफ भी रख देंगे।

वे हँसी- मजाक का सहारा लेकर कहते हैं - "चलो करते है" और चुनौती पैदा करते हैं, जिसका उनके लोग भी गर्मजोशी से जवाब देते हैं।जब बदलाव की संभावना हो तो ये विशेषताएँ उनके लिए सोने के समान कीमती होती हैं।

वे उत्कृष्टता को इनाम देते हैं, सामान्यता को नहीं। इसका परिणाम नौकरी में अधिक संतुष्टि, अधिक प्रेरणा और कर्मचारियों के मनोबल में बढ़ोतरी है और यह बढ़ोतरी कर्मचारियों के करियर का जो लक्ष्य है, उसकी प्लानिंग में भाग लेने के लिए उनका मनोबल बढ़ाती है।

एक सकारात्मक दृष्टिकोण हमें बाधा के खिलाफ और प्रगति के पक्ष में अपना मन बनाने में सक्षम बनाता है।

स्वयं पर विश्वास करें

अपने आप में विश्वास करना एक सकारात्मक दृष्टिकोण का सार है। इस बदलते समय में किसी भी चीज़ का निश्चित होना लगभग असंभव है। केवल वे लोग निश्चित हैं जो गंभीर निराशावादी हैं और वे जिन्हे लगता है कि परिस्थितियाँ केवल बदतर हो सकती हैं। कुछ हद तक, यह एक आत्म-पूर्ति करने वाली भविष्यवाणी है, क्योंकि नकारात्मकता संक्रामक है। कुछ असंभव होने में विश्वास करने का मतलब है कि शायद यही होगा।

"द मैन हू सोल्ड हॉट डॉग्स," का यह छोटा सा दृष्टांत शायद 1930 के दशक का है, लेकिन आज भी यह दोहराया जाता है :

एक आदमी था, जो सड़क के किनारे रहता था और हॉट डॉग बेचता था। वह ऊँचा सुनता था, इसलिए उसके पास रेडियो नहीं था। उसकी आंखों में भी दिक्कत थी, इसलिए वह अखबार नहीं पढ़ता था, लेकिन वह हॉट डॉग अच्छी तरह बेच लेता था। वह सड़क के किनारे खड़ा होता और चिल्लाता, "एक हॉट डॉग खरीदो लो, मिस्टर!" और लोग खरीद लेते। धीर- धीरे उसके मीट और बन के ऑर्डर बढ़ गए। उसने अपने व्यापार की बढ़ोतरी के लिए एक बड़ा चूल्हा खरीद लिया। उसका बेटा भी उसकी मदद करने के लिए कॉलेज के बाद आ जाता था।

फिर कुछ हुआ। उसके बेटे ने कहा, "डैड, क्या आप रेडियो नहीं सुन रहे हो? क्या आप अखबार भी नहीं पढ़ते हो? यूरोप के हालात भयानक है। देश की घरेलू स्थिति तो और भी खराब है।" तब उसके पिता ने सोचा, "अच्छा, मेरा बेटा कॉलेज जा चुका है। वह अखबार पढ़ता है और रेडियो सुनता है तो उसे सही पता होगा।

तो पिता ने अपने मीट और बन के आर्डर कम कर दिए। उसने वहाँ लगाए अपने व्यापार के साइनबोर्ड भी हटा लिए। अब वह राजमार्ग पर खड़े होने और अपने हॉट डॉग बेचने की जहमत नहीं उठाता था और रातोंरात उसके हॉट डॉग की बिक्री गिर

गई।पिता ने अपने लड़के से कहा "तुम सही हो, बेटा, हम पक्का बहुत बड़ी मंदी की चपेट में हैं।"

हवा में कितनी निराशा घुली हुई है, लोग यह देखने में असमर्थ हैं कि उनके आगे क्या है।वे स्वाभाविक रूप से आगे बढ़ने में हिचकिचाते हैं।वे कुछ करने की ठानने से पहले इस बात का आश्वासन चाहते हैं कि वे आगे ठोकर खाकर न गिर जाएँ।ये इस तरह के हालात है, जिन्हे नियति के नियम से जाना जाता: चमक क्षणभंगुर हो सकती है, लेकिन अंधकार हमेशा के लिए होता है।

यह अनिश्चितता कुछ लोगों को उनके ट्रैक में ही रोक देगी, जबकि कुछ लोग इस वक्त को जीवन का सामान्य हिस्सा मान कर पार चले जाएँगे।हम हर समय निश्चितता नहीं चाह सकते, क्योंकि "निश्चित चीजें" असल जीवन में मौजूद नहीं हैं, इसके बाद उतना ही है, जितना वे रेसट्रैक पर करते हैं, जहाँ कोई निश्चितता नहीं है, केवल संभावनाएँ हैं।आत्मविश्वासी लोग अंदाज़ा लगाते हैं कि समय के साथ ये संभावनाएँ उनके पक्ष में काम करेगी।

इस तरह के आत्मविश्वास के साथ, आप कुछ चीजों पर या किसी दूसरे पर निर्भर नहीं रहते।आप सुरक्षा की गारंटी पर निर्भर नहीं हैं।आप अपने आप पर और आप जिन चीजों पर विश्वास करते हैं, उन पर निर्भर हैं।आप अपना रास्ता खुद बनाते हैं।

वह इंसान खुश इंसान नहीं है, जिसकी निश्चित
परिस्थितियाँ हैं, बल्कि वह इंसान है जिसका एक
निश्चित दृष्टिकोण है ।

– ह्युग डाउन्स

सकारात्मक दृष्टिकोण बनाए रखने के लिए खुद में विश्वास की ज़रूरत होती है, जिसके लिए आत्मविश्वास ज़रूरी है, लेकिन आत्मविश्वास तभी काम आता है, जब आप इसे एक ताकत के रूप में लेते हैं।जो शायद इतनी गहराई में है कि लगभग नज़र से ओझल है।

हम दूसरों को कैसे दिखते हैं, इसका महत्व

हम दूसरों में उसी भाव को जगाते हैं, जो हम
अपने मन में उनके लिए रखते हैं ।

– एलबर्ट हबर्ड

आत्मविश्वास से एक सकारात्मक दृष्टिकोण विकसित होता है और हमारे सामने आता है, लेकिन कभी-कभी हम अंदर से कैसा महसूस करते हैं और बाहर से दूसरों को कैसे दिखाई देते हैं, यह दोनों बहुत अलग होते हैं। क्योंकि हम इस बात को लेकर हमेशा जागरूक नहीं होते हैं कि दूसरे हमें कैसे देखते हैं। हमारे लिए उनकी जो धारणाएँ है, उन्हें संतुलित करना बहुत ज़रूरी है। उदाहरण के लिए कुछ लोग खुद को इतनी गंभीरता से क्यों लेते हैं? उनको अपनी प्रतिष्ठा और अधिकार प्रदर्शित करने से ऐसी स्पष्ट संतुष्टि क्यों मिलती है? कभी-कभी यह असुरक्षा होती है। वे वास्तव में अपने खुद की कीमत के प्रति आश्वस्त नहीं हैं, इसलिए अपनी श्रेष्ठता प्रदर्शित करके और दूसरों से हामी भरवा कर खुद को लगातार आश्वस्त करने की कोशिश करते हैं।

घमंड एक और कारण है। हम सभी को महत्त्वपूर्ण दिखना पसंद होता हैं, लेकिन अगर हमारा अहं नियंत्रित नहीं किया जाए तो हम मूर्ख दिख सकते हैं।

खोखलापन लोगों को उनके महत्व को बढ़ा-चढ़ाकर कहने का कारण बन सकता है क्योंकि वे तस्वीर के केवल एक छोटे से हिस्से को ही देखते हैं।

सकारात्मक व्यवहार वाले व्यक्तियों के लिए झुंड से आगे निकलना और लीडर बनना असामान्य बात नहीं है। क्यों? सबसे पहले, उनका सकारात्मक व्यवहार उनकी समस्याओं के ज़्यादा प्रभावी ढंग से निपटने का कारण बनता है। वे अपने काम में औरों से कुछ ज़्यादा हासिल कर लेते हैं और आमतौर पर अपनी निजी ज़िंदगी में अधिक खुशी महसूस करते हैं। लोग पॉजिटिव लीडर्स का सम्मान करते हैं और उनके व्यवहार का अनुसरण करते हैं। जब उनके पास अधिकार होगा, तो वे इसका इस्तेमाल भी करेंगे, लेकिन इसलिए नहीं कि वे सोचते हैं कि वे ही खास, श्रेष्ठ प्राणी हैं। वे इनका उपयोग मनचाहा परिणाम पाने के लिए करते हैं। वे नहीं मानते कि एक लीडर होने के नाते आप दूसरों को हीन बना दें।

इस बिंदु पर प्रकाश डालने के लिए, यह नोट अपने वर्कप्लेस पर अपने पास रखने पर विचार करें, जिसमें लिखा होगा कि, " केवल दो लोगों के लोग चापलूसी करते है: पुरुष और महिलाएँ।" इस पर दिन में कभी भी एक बार नज़र डाल लेना अच्छा विचार है। यह भी सुनिश्चित करें कि हमारे पैर जमीन पर हो और हमारे सिर बादलों में बहुत ऊँचे नहीं हो।

जो युवा पुरुष या महिलाएँ खुद को बहुत गंभीरता से लेते है, उससे भी ज्यादा बेकार एक ही चीज है, वो बूढ़े लोग, जो यही काम करते है, जबकि उन्हे तो बेहतर पता होना चाहिए था।

नेतृत्व करने की चुनौती

कई साल पहले मैंने एक सीनियर वी.पी. में काम किया था, जो 350 मिलियन डॉलर की रिटेल स्टोर चेन है और जिसकी बिक्री की अगले पाँच साल में तीन गुना की उम्मीद की जा रही थी। मैंने उनसे पूछा, "इस तेज ग्रोथ के लिए आपको क्या निजी विकास की जरुरत है?" उनका जवाब था, "मैं इस बारे में नहीं सोचता। सच कहूँ तो मैंने कभी नहीं सोचा था कि मैं यहाँ तक पहुचुँगा। मैं खुद पर बहुत भरोसा करता हूँ इसलिए मैं भविष्य से नहीं डरता।" वह अपने आत्म-परीक्षण और आत्म-मूल्याँकन का विरोध कर रहा था। वह अपनी सफलता के लिए उम्मीदवारों को तैयार नहीं कर रहा था। उसने अपने भविष्य को कहीं दूर बंद कर दिया क्योंकि उसे 25 साल के "अनुभव" वाले ऊँचे पद पर रहकर भी यह बात समझ नहीं आई कि बदलाव की शुरुआत अपने भीतर होनी ही चाहिए। यह भी ध्यान देने लायक मजेदार बात है कि कार्यकारी समूह में एक ने भी नहीं सोचा कि वह तरक्की करने योग्य है।

आइडिया दुर्लभ नहीं हैं। उन्हें उपयोगी बनाना दुर्लभ है।

जब भी आपको नेतृत्व करने के लिए कहा जाता है, उद्देश्य एक ही होता है:- वह है, दूसरों की कोशिशों की मदद से उस खास मुकाम को पाना जिसे आप पाना चाहते हैं। इससे कोई फर्क नहीं पड़ता कि आप किन तरीकों को चुनते हैं, यह आपकी प्रमुख जिम्मेदारी यह है कि अपेक्षित परिणाम प्राप्त करने में आपको नेतृत्व प्रदान करना चाहिए। हालांकि यह आपको अपेक्षाकृत आसान लग सकता है, लेकिन ऐसा होने के लिए कुछ मुख्य आवश्यकताओं की मांग की जाती हैं।

शामिल प्रमुख कारक

ऐसा वातावरण देना, जिसमें लोग व्यक्तिगत रूप से और टीम के सदस्यों के रूप में, अपनी सबसे अच्छी परफॉर्मेंस दे सकें। लीडर्स को चाहिए कि:

- सावधानी से योजना बनाएँ, फिर भी अगर कुछ अप्रत्याशित होता है तो लचीला बनें और सुधार करें।

- नई योजनाओं और प्रक्रियाओं को लाए, लेकिन साथ ही साथ ग्रुप को आगे बढ़ाने के लिए ज़रूरी दैनिक काम भी संभालें।

- सही प्रश्न पूछें – वे जो सोच को प्रोत्साहित करे, पहल करने को और सुधार को बढ़ावा दें।

- ज़रूरी बदलाव करवाने के लिए प्रत्येक व्यक्ति और ग्रुप्स की प्रगति चैक करें साथ ही लोगों और योजनाओं को टार्गेट पर रखने के लिए एक्शन की नई कार्यप्रणाली निर्धारित करें।

- हावी होने के बजाय विश्वास दिलाएँ। इसके लिए अपने बातचीत के ढंग पर ध्यान दे जैसे- सुनना और ऐसे शब्दों में बोलना जो आसानी से समझ आ जाए। अपने विचारों और वरीयताओं को थोपने के बजाय यदि आप उदाहरण देकर समझाएँ और उन्हे राजी करें तो आप अधिक प्रभावी लीडर होंगे।

प्रभावशीलता के लिए क्या चाहिए

विजेता, आशावाद को अवसर के साथ मिलाते हैं।

आज के सफल प्रतियोगी आत्म-विकास और आजीवन सीखने के लिए गहराई से प्रतिबद्ध हैं। उन्होंने अपने ऑर्गनाइजेशंस की संरचनाओं, नीतियों और उद्देश्यों को समझने में समय लगाया है और वे साफतौर पर जिम्मेदारियों को और साथ ही साथ अधिकारों को भी समझते हैं। वे सामूहिक वफादारी और रिश्ते की पहचान करने में सक्षम हैं। वे खुद के लिए और जिनको वे सुपरवाइज करते हैं, उनकी ग्रोथ और विकास अवसरों का ठीक-ठीक पता लगा सकते हैं।

प्रतिस्पर्धी नेतृत्व न केवल निरंतर सीखने बल्कि ट्रेंड्स और उभरते पैटर्न के बारे में पूरी तरह से जागरूकता की मांग करता है और वही का वही रहने की कोशिश का मतलब पीछे रह जाना है। सफल प्रतियोगी:

- लोगों के साथ व्यवहार करने में प्रभावी होते हैं। वे संगठन का काम उद्देश्यपूर्ण और सामंजस्यपूर्ण ढंग से बनाए रखते हैं। वे समस्याओं को व्यवस्थित तरीके से लेकिन साथ ही एक मानवीय स्पर्श के साथ देखते हैं। वे विचारशील, व्यवहारकुशल और इतने सचेत होते हैं कि वे बेहतर प्रदर्शन के लिए प्रयास करते हुए भी अपने आसपास के लोगों का लगातार सम्मान बनाए रखते हैं।

- स्व-प्रेरित होते हैं। वे खुद को मैनेज करते हैं और लगातार अपनी क्षमताओं का विकास करते हैं। वे उत्सुकता से नए विचार और तकनीक खोजते हैं।

- वे परिणामों के लिए ज़रूरतों और प्रभावशीलता बनाम क्षमता को समझते हैं। कुशल लोग सही काम करते हैं। प्रभावशाली लोग सही काम को और

अच्छे से करते हैं।

प्रमुख परिणाम क्षेत्रों और तरक्की करने के उपायों की पहचान कीजिए।क्षणिक निर्णय लेने की ज़रूरत नहीं है।सर्वश्रेष्ठ प्रतिस्पर्धी पहले सोचते हैं कि क्या किया जाना चाहिए, फिर ज़रूरी एक्शन लेते हैं।

यह बड़ी अजीब सी लगने वाली बात है कि बहुत से लोगों को इस बात की स्पष्ट तस्वीर भी नहीं रखते कि उनके काम के लिए क्या आवश्यक है।अपनी परफॉर्मेंस की प्राथमिकताओं का आकलन करने के लिए यह छोटा सा अभ्यास करें:

इस प्रश्न का उत्तर लिखें: "मैंने संपूर्ण होने के लिए क्या अदा किया है?" प्रति चीज़ के लिए चार से अधिक शब्दों का प्रयोग न करें। "वृद्धि" और "संतुष्ट" जैसे संकेतक शब्दों का प्रयोग करने से बचें।प्रमुख उद्देश्यों की लिस्ट बनाते समय क्वांटिटी और समय को भी टालें।अपनी लिस्ट को आठ चीजों तक सीमित करें।

इन मापदंडों के विरुद्ध अपनी चीजों का मूल्याँकन करके अपने परिणामों की जाँच करें।

- क्या वे इनपुट के बजाय आउटपुट दिखाते हैं?

- क्या वे आपकी पोजीशन का एक ज़रूरी हिस्सा हैं?

- क्या वे आपके अधिकार और जिम्मेदारी की सीमाओं के अंतर्गत आते हैं?

- क्या वे आपके काम निपटाने की क्षमता सुनिश्चित करने के लिए काफी हैं और इतने कम नहीं कि वे आपकी प्लानिंग को मुश्किल बना देते हों?

- क्या वे किसी और की जिम्मेदारी में दखल देते हैं? या यह दिखाते हैं कि वांछित परिणाम के लिए कोई भी जिम्मेदार नहीं है?

- क्या वे आपके साथ सीधे खड़े हैं ताकि आपके परिणाम अपने से ऊपर और नीचे वालों के साथ अच्छी तरह से मिल जाएँ?

- क्या वे आपके साथ क्षैतिज रूप से खड़े होते हैं ताकि आपके परिणाम उन लोगों के साथ अच्छी तरह मिल पाए जो समान स्तर पर हैं?

क्या आप प्रतिस्पर्धी लीडर हैं?

कुछ भी जोखिम न लेना ही सबसे बड़ा जोखिम है ।

बहुत पहले, पीटर ड्रकर ने हमें इस अवधारणा से परिचित कराया था कि लीडर्स को इन

गुणों से पहचाना जा सकता है:

- लीडर प्रोजेक्ट्स की शुरुआत "मुझे क्या चाहिए?" यह पूछने की बजाय यह पूछते हुए करते हैं कि, "क्या होना चाहिए ?"

- लीडर लगातार पूछते हैं, "मेरे ऑर्गनाइजेशन का मतलब और उद्देश्य क्या है?" और "कम से कम एक स्वीकार करने लायक परफॉर्मेंस और शुद्ध आय बढ़ाने में सहायक क्या है?"

- लीडर अपना प्रतिरूप नहीं चाहते। वो कभी नहीं पूछते कि, " क्या मैं इस व्यक्ति को पसंद या नापसंद करता हूँ?" लेकिन वे खराब प्रदर्शन को सहन नहीं करते।

- लीडर्स को दूसरे ऐसे लोगों से खतरा नहीं है, जिनके पास ताकत है, चाहे खुद लीडर के पास उस ताकत की कमी हो।

मेरा मानना है कि ड्रकर के निष्कर्ष वर्तमान प्रतिस्पर्धा की सीधे व्यावहारिक परिभाषा के तौर पर लागू होते हैं। इन्हें अजमाएँ। उपरोक्त बातों में प्रतियोगी शब्द को लीडर शब्द से बदल दें और आप देखेंगे कि मेरा क्या मतलब है।

ध्यान देने की कला, झूठी नहीं हो सकती

कोई फर्क नहीं पड़ता कि आप इसे कैसे दिखाते हैं, इस कला को नकली नहीं बनाया जा सकता। आलोचक सुझाव देते हैं कि लोग उतनी परवाह नहीं करते जितनी पहले करते थे। कुछ का कहना है कि लोग बहुत ज्यादा परवाह करते हैं, खासकर खुद के बारे में।

यहाँ तक कि मामले को जटिल बनाने के लिए, सामाजिक वैज्ञानिक स्वीकार करते हैं कि बहुत सारे प्रश्न के उत्तर ही नहीं हैं। उदाहरण के लिए, हम परवाह या केयरिंग कैसे सीखते हैं? हम यह कब दिखाते हैं? देखभाल-कर्ता कौन हैं? क्या यह बिज़नेस पर लागू होता है? क्या यह कला सिखायी जा सकती है?

जॉर्जिया सदर्न कॉलेज में, परिवार और बाल अध्ययन के प्रोफेसर, जैक बीसली कहते हैं कि ध्यान देने की कला की क्षमता किसी की देखने की चाह से किसी दूसरे व्यक्ति के दृष्टिकोण या ज़रूरतों को देखने और उसी अनुसार काम करने की इच्छा से जुड़ी हुई है।

बीसली, जो कि परिवारिक मुद्दों पर एक कॉर्पोरेट सलाहकार भी हैं, उनका मानना है कि यह कला एक कौशल है और इस सीखना एक आजीवन चलने वाली

प्रक्रिया है।बचपन में, भले ही आपको ध्यान देने की कला का अनुभव न हो, लेकिन आप जवानी में इसे करना सीख सकते हैं।वास्तव में, बच्चे की देखभाल से जुड़ी कई तकनीकें प्रोडक्टिविटी को अधिकतम करती है और संबंधों में सुधार करती है।यदि आप अपनी इस कला की क्षमता में सुधार करना चाहते हैं, तो प्रोफेसर बीसली इन तकनीकों को शुरू करने की पेशकश करते हैं :

1. लोगों का अध्ययन उन स्थितियों में करें, जब उनकी टीम हार रही है।

2. देखभाल रोल-मॉडल है।न केवल बच्चे के लिए ही महत्त्वपूर्ण है कि माता-पिता दोनों उनका पालन-पोषण करें, बल्कि वे कर्मचारी अधिक प्रोडक्टिव होते हैं, जो अपने सुपरवाइज़र को अपने संरक्षक के रूप में देखते हैं।

3. गला न घोंटें।देखभाल या परवाह का एक हिस्सा यह जानना भी है कि दूरी कब करनी है, जो देखभाल के लिए उचित है और व्यक्ति की ज़रूरत है, वह उसे दें, लेकिन ज़रूरत से ज्यादा न करें।दूसरों के लिए वह मत करो जो वे अपने लिए कर सकते हैं।यदि आप बहुत ज़्यादा कर देंगे, तो उसके लिए आपकी और खुद उसकी, दोनों की काबिलियत की कीमत कम हो जाएगी।

4. लोगों को तार्किक परिणाम से सीखने में मदद के लिए पर्याप्त देखभाल करें।आप लोगों को बता सकते हैं कि क्या होगा, लेकिन विश्वासी बनने के लिए उन्हें आमतौर पर इसे खुद अनुभव करना पड़ता है।

5. अपनी ज़रूरतों को ध्यान में रखें।ध्यान देना, आत्मसम्मान से आता है।जो व्यक्ति खुद से और खुद की क्षमताओं से संतुष्ट हैं, उसके पास साबित करने के लिए उतना नहीं है, जितना उन लोगों के पास है जो यह संघर्ष करने के लिए दृढ़ निश्चयी है कि वे कौन हैं और वे किस लिए हैं।अपनी ज़रूरतों को ध्यान में रखना और दूसरों को उनकी खुद की क्षमता बढ़ाने के लिए प्रोत्साहन देना भी दूसरे के विकास को बढ़ावा देने का एक तरीका है।तब आप सारा श्रेय ले सकते हैं।

6. अंत में, अपना ख्याल रखें।अपनी देखभाल या परवाह करना स्वार्थी होना नहीं है।यदि आप अपना ख्याल नहीं रखते हैं तो आप दूसरों का ख्याल नहीं रख सकते।

झूठी परवाह करने का दिखावा अपना नुकसान करने जैसा है यानि इससे यह होता है कि जो प्रेरक संदेश जाना चाहिए, उससे विपरीत व्यवहार पैदा होता है।इस मामले

में मार्क ट्वेन की सलाह ठोस है: "यदि आप सच कहते हैं, तो आपको कुछ भी याद रखने की ज़रूरत नहीं है" आपका परवाह करने का दिखावा कब तक संभव हो सकता हैं, जबकि ऐसा करने में आप हर दिन फेल होते हैं इसलिए:

1. सार्थक कामों वाले असाइनमेंट देकर लोगों को चैलेंज दें।

2. अच्छी तरह से किए गए कामों के लिए उनकी तारिफ करें।

3. उनकी भलाई पर असर डालने वाले फैसलों में हमेशा उनके पीछे खड़े रहें, और

4. उनकी ज़रूरतों पर ध्यान दें बनाम आपको उनकी ज़रूरतें क्या लगती हैं।

मैनेजर को मैनेजमेंट में बने रहने के लिए खुद के और अपने उद्देश्यों के बारे में सावधानीपूर्वक सोचना बहुत ज़रूरी है।बतौर मैनेजर, उन्हें खुद से यह प्रश्न जरुर पूछना चाहिए कि क्या वे वास्तव में अपने लोगों की भलाई में रुचि रखते हैं।अगर उनका ईमानदारी से उत्तर "नहीं" है या "मुझे पक्का नहीं है," तो परवाह का यह दिखावा करना ज़्यादा अच्छा नहीं होगा।सच तो यह है कि, ध्यान देने का दिखावा नहीं किया जा सकता।यदि आपको शक है तो अपने आप से पूछिए, "जिन झूठे या नकली लोगों को मैं जानता हूँ, मैं उनमें से किसका अनुसरण करूँगा?"

4

अपनी टीम के सदस्यों को प्रेरित करना

"पहले अपने आप से कहो कि तुम क्या बनोगे;
और फिर वह करो जो तुम्हें करना है।"

– एपिक्टेटस

दि आप एक मैनेजर या सुपरवाइज़र हैं, तो आपका व्यवहार आपके व्यवहार से स्पष्ट होगा कि यह दूसरों को कैसे प्रभावित और प्रेरित करता है। जो लोग अपना बेस्ट करने के लिए अक्सर प्रेरित नहीं होते, तो वे अपना बेस्ट करते ही नहीं है क्योंकि उनको ऐसा महसूस होता हैं कि मैनेजमेंट वास्तव में उनकी कोई परवाह नहीं करता है।

एक सुपरवाइज़र के रूप में, आपका काम अपनी टीम के सदस्यों को एक एकजुट समूह के रूप में संगठित करना है और उनकी भीतरी प्रेरणा को बढ़ाकर टीम के लक्ष्य पूरे करने के लिए उनके साथ काम करना है।

यह प्रक्रिया हर कर्मचारी को व्यक्तिगत रूप में जानने में समय देने से शुरू होती है। हर एक इंसान की ताकत और कमजोरियाँ होती हैं। टीम के प्रत्येक व्यक्ति को समझना मोटीवेटिड लोगों के ग्रुप के निर्माण में पहला कदम है।

इसके लिए केवल जॉब की दक्षता जानने की बजाय कुछ ज्यादा की आवश्यकता होती है। इसका मतलब यह समझना है कि प्रत्येक व्यक्ति के लिए, जब वह काम नहीं कर रहा हो तो उस वक्त उसकी विशेष चिंताओं में क्या चीज महत्त्वपूर्ण है- महत्वाकांक्षाएँ, लक्ष्य या परिवार।

प्रभावी प्रबंधक (मैनेजर) अपने लोगों तक यह संदेश पहुँचा देते हैं कि उनसे क्या उम्मीद की जाती है।जब टीम मेम्बर अपेक्षाओं को पूरा करते है, तब लोगों की प्रशंसा की जाती हैं और जब वे ऐसा नहीं करते, तो कारणों की पहचान की जाती हैं।

प्रबंधकों को यह ज़रूर दिखाना चाहिए कि वे अच्छे काम की सराहना करते हैं और टीम के सदस्यों के साथ सम्मान से पेश आते हैं। सर्वश्रेष्ठ प्रबंधक, एक कदम आगे लेते हैं : वे समस्याओं को दूर करने के उपाय सुझाते हैं।

ज्यादा काम करने वालों के साथ डील करना

सकारात्मक दृष्टिकोण से इस बात का फ़ायदा अधिक मिलता है कि आप कुछ कम हासिल करने वालों के बजाय, ज़्यादा हासिल करने वालों को कैसे हैंडल करें।

क्यों? क्योंकि वे ही हैं जो आपके ऑर्गनाइजेशन को आगे ले जाएँगे।अधिकांश मैनेजर कम हासिल करने वालों के प्रदर्शन को बेहतर बनाने के लिए काम करने को बहुत अधिक समय देते है, यह महत्त्वपूर्ण है, लेकिन अगर ज्यादा हासिल करने वाले उपेक्षित है तो यह बात महत्त्वपूर्ण नहीं रह जाती। दरअसल, ये अत्यधिक काबिल लोग होते हैं, जो ऐसे अवसर प्रदान करते हैं कि जिनका हर मैनेजर को स्वागत करना चाहिए, लेकिन यदि इन उच्च क्षमता वाले लोगों को सावधानी से प्रशिक्षित नहीं किया जाए तो ये लोग खुद के साथ-साथ ऑर्गनाइजेशन के लिए भी समस्या खड़ी कर सकते हैं।

जो तेजी से आगे बढ़ना चाहते हैं, यहाँ इनकी ऊर्जा का दोहन करने के कुछ शक्तिशाली तरीके दिए गए हैं :

- इन्हें काम सौंपे।दबाव में और निश्चित रूप से, सावधानीपूर्वक सुपरविजन के तहत काम करवा कर इनको अपनी स्किल बढ़ाने के अवसर प्रदान करें। ऐसे काम दें जो न केवल उनकी क्षमताओं और शक्ति को चुनौती देता हो, बल्कि जिससे भविष्य में तरक्की के लिए भी ज़रूरी ट्रेनिंग मिलती हो।

- यह निर्धारित करने के लिए जाँच करें कि क्या वे समस्याओं को भुला देने की प्रवृत्ति रखते हैं और वे महत्त्वपूर्ण निर्णयों को कितने प्रभावी ढंग से लेते हैं।

- पहचान बनाने के प्रोत्साहन का इस्तेमाल करें।सार्वजनिक रूप से प्रशंसा करके और शानदार प्रदर्शन को इनाम दे कर वास्तविक शक्ति को प्रोत्साहित करें।इसके विपरीत यह करना भी बहुत महत्त्वपूर्ण है कि आलोचना हमेशा निजी तौर पर करें, कभी भी सार्वजनिक रूप से नहीं।

- क्षमताओं को जाँचने के लिए एक अस्थायी पदोन्नति की पेशकश करें और देखें कि वे नई स्थितियों के प्रति कैसे प्रतिक्रिया देते हैं।

जो कर्मचारी वास्तविक परवाह नहीं करते, अपने बॉस या एम्पलॉयर के प्रति दिल से पास वफादारी की भावना नहीं रखते उनमें से ओवरएचीवर्स बहुत कम निकलते है, लेकिन क्योंकि जुगाड़ू व्यक्ति अक्सर हर बात को स्वीकार कर लेने की प्रवृत्ति के नहीं होते हैं और वे अपने मन की बात बोलने से डरते भी नहीं हैं ऐसे लोग प्रबंधको को परेशान करने वाले, अभिमानी और डराने वाले लगते हैं। अगर ऐसे पुरुषों और महिलाओं को सावधानी से संभाला जाए तो इनका बड़ा मूल्य है। वे चीजों को सुलझाने, सिफारिश करने, सलाह देने और बदलने में संकोच नहीं करते।

प्रभावी ढंग से बातचीत करना

संचार या कम्यूनिकेशन जितना एक तकनीक है, यह उतना ही एक दृष्टिकोण भी है। उदाहरण के लिए, जहाँ बातचीत हो रही हो, वहाँ एक लक्ष्य भी होना ही चाहिए और या लक्ष्य रचनात्मक होना चाहिए। इसमें दूसरों द्वारा उठाई गई समस्याएँ और महत्त्वपूर्ण प्रश्नों को पहचानना चाहिए।

बेहतर सहयोग पाने के लिए इन सुझावों को आज़माएँ :

1. जानकारी ताज़ा होने पर ही उसे साझा करें। दूसरे शब्दों में, लोगों को जितना संभव हो उतना पहले से ही बताएँ कि उन्हें क्या पता होना चाहिए है।

2. इस बात पर ध्यान केंद्रित करें कि ग्रुप के लक्ष्यों को पाने को लेकर इस टॉपिक का क्या अर्थ है और यह न केवल आपके लिए क्या मायने रखता है, बल्कि उनके लिए भी इसका क्या महत्व है?

3. विचारों को साझा करने में उदार बनें। इन शब्दों में पूछें, "क्या आप मेरे साथ सहज हैं? आपकी क्या प्रतिक्रिया है...? क्या हुआ अगर मैंने कहा।...?"

4. जब कोई शक हो तो किसी एक्सपर्ट को बुलाने में संकोच न करें। याद रखें, कि आपको सब कुछ पता होने की तनख्वाह नहीं मिलती।

5. और अंत में, सब कुछ खुद करने का प्रयास न करें। प्रतिनिधि चुनें और ज़रूरी कामों पर नज़र डालें।

ज्यादातर लोग जिनको लगता हैं कि वे किसी विशेष क्षेत्र में अनुभवी हैं, तो संभावना यह है कि वे बहुत बोलते है, जितना हो सके, कम से कम शब्दों का प्रयोग करने की कोशिश करें। ज़्यादा बोलना आमतौर पर भ्रम, ऊब और रोचकता की कमी पैदा करता हैं।

एक बेहतर श्रोता बनें

आमतौर पर हम बातचीत को बोलने या लिखने के रूप में सोचते हैं। वे दोनों ही आवश्यक हैं, लेकिन संपूर्ण बातचीत के लिए इतना ही काफी नहीं हैं। न केवल निष्क्रिय रूप से सुनना, बल्कि सक्रिय और सहभागी होकर सुनना महत्त्वपूर्ण है। आपकी प्रभावशीलता बहुत कुछ उन स्किल्स जिनसे आप दूसरों को समझते हैं, सुनते समय आपका दृष्टिकोण और आपके द्वारा दिखाई गई भागीदारी के स्तर पर निर्भर करती है।

ये चार भरोसेमंद कदम आप के सुनने के कौशल में सुधार करेंगे। जो हमें ज़रूर आजमाने चाहिए :

1.   स्पष्ट करने के लिए सुने।

2.   दूसरों के कहने का अर्थ और उनके स्पष्टीकरण को समझने के लिए सुनें।

3.   समझ दिखाने के लिए सुनें।

4.   प्रतिक्रिया पाने के लिए सुनें।

सुनना कठिन काम है। यह सिर्फ आपके कान खुले रखने से कहीं ज़्यादा है। मान लीजिए कि एक टीम मेम्बर आपके पास एक समस्या लेकर आता है और मदद मांगता है। पहले आप ध्यान से सुनते है, लेकिन आपके मन का भटकाव शुरू होने में ज्यादा समय नहीं लगता और आप उसकी समस्या सुनने के बजाय दूसरी बातों के बारे में सोचते रहते हैं। जैसे : आपके डेस्क पर काम का ढेर, कंपनी के वाइस प्रेसीडेंट के साथ आपने जो बैठक निर्धारित की है या आपके बच्चों में से एक को स्कूल में समस्या होना। आप सिर्फ शब्द सुनते हैं, लेकिन आप वास्तव में सुन नहीं रहे हैं।

ऐसा इसलिए होता है, क्योंकि मानव मन विचारों को किसी के बोलने से कई गुना तेजी से प्रोसेस कर सकता है। जब कोई बात कर रहा है, तो हो सकता है कि आपका दिमाग उससे आगे दौड़ रहा हो। आप बोलने वाले के वाक्य अपने दिमाग में ही पूरा कर लेते हैं – उनके शब्दों के बाहर आने से पहले – जो अक्सर गलत होते हैं। आप वह "सुनते हैं" जो सुनने के लिए आपका मन करता है, न कि जो वास्तव में कहा जाता है।

यह मानव स्वभाव है। समाधान यह है कि इसका अनुमान लगाना होगा और प्रवृत्ति पर काबू पाने के लिए कदम उठाने होंगे। यह स्वीकार करना शर्मनाक लगता है कि आप सुन नहीं रहे थे, इसलिए आप इसे नकली बना देते हैं। आप अंतिम कुछ शब्दों को चुनते हैं और उन पर टिप्पणी करते हैं। कभी-कभी आप ट्रैक पर वापस आ जाते हैं, लेकिन अक्सर असली बात से चूक जाते हैं।

यदि आप नहीं सुन रहे हैं, तो आप फिर से पूछ सकते हैं कि, "क्या जो कहा था, उसे वापस कह सकते हैं?" या " क्या आप अपनी बात दोहराएँगे, मैं शायद समझ नहीं पाया।"

अच्छे श्रोता सक्रिय रूप से शामिल होते हैं और इन दिशानिर्देशो क पालन करते हैं :

- वक्ता की ओर देखें। आई कॉन्टेक्ट दिलचस्पी दिखाने का पहला तरीका है, लेकिन यह ज़्यादा न करें। पूरे इंसान को देखें; बस उनकी आँखों में ही न घूरें।

- अपने चेहरे के भावों से संकेत करें कि आप बातचीत से जुड़ रहे हैं।

- सिर हिलाने या इशारों से प्रदर्शित करें कि आप बातचीत का अनुसरण कर रहे हैं।

- खास पॉइंट्स के बारे में खास प्रश्न पूछें। यह न केवल आपको यह साफ करने में समर्थ बनात है कि अस्पष्ट क्या हो सकता है, बल्कि आपको सतर्क भी रखता है और आप पूरा ध्यान देते हैं।

- बात के बीच में न बोलें। किसी को बीच में टोकना आपके बात शुरू करने का इशारा नहीं होना चाहिए। इंतज़ार कीजिए। हो सकता है दूसरे व्यक्ति के पास कहने के लिए कुछ ज़्यादा हो ।

- एक सहानुभूतिपूर्ण श्रोता बनें। आप दिमाग के साथ-साथ अपने दिल से भी सुनें। दूसरे शब्दों में, खुद को सामने वाले की जगह रखकर देखने की कोशिश करें।

आप एक बेहतर श्रोता बन सकते हैं। आप की एक छोटी सी कोशिश से आपको एक बड़ा फायदा मिल सकता है!

सही सवाल पूछें

सवाल करना उतना ही महत्त्वपूर्ण है, जितना सुनना। अच्छे सवाल की ताकत इस तथ्य में निहित है कि यह सामने वाले को एक सटीक उत्तर के लिए मजबूर करता है। अगर हम सही सवाल पूछेंगे तो हमें सूचना, अनुभव या प्रतिक्रियाओं के रूप में बेहतर उत्तर मिलेंगे। गलत प्रश्नों का उत्तर भी गलत ही मिलता हैं।

प्रगति करने के लिए कहने से अधिक पूछना आवश्यक है। ऐसा क्यों? क्योंकि हम सभी को पर्याप्त जानकारी चाहिए। दरअसल, हमारे फैसले केवल हमारी जानकारी के आधार पर ही अच्छे होते हैं।

आलोचना को रचनात्मक बनाना

99% असफलता उन लोगों की वजह से मिलती है,
जिन्हें बहाने बनाने की आदत होती है ।

– जॉर्ज वाशिंगटन कार्वर

आलोचना करने से पहले, तहकीकात करके पक्का कर लें कि उसकी प्रदर्शन की समस्या क्या है और क्या आप उसे जानते हैं। फिर रचनात्मक सुझाव दें कि सुधार कैसे किया जाए। खास तारीखों तक सुधार करने के लिए पक्के वादे की प्रतिबद्धता लें।

टीम बनाना

किसी टीम का सार सबका इकट्ठा संकल्प है । इसके बिना, एक
ग्रुप के सदस्य अलग व्यक्तियों के रूप में काम करते हैं,
जबकि इसके साथ वे एक सामूहिक प्रदर्शन की
शक्तिशाली इकाई बन जाते हैं ।

– आर्थर आर पैल

यदि आपके ऑर्गनाइज़ेशन ने एक टीम मैनेजमेंट संरचना बनाई है और अब आप एक टीम लीडर हैं तो आपको नई चुनौतियों का सामना करना हैं। जिस तरह से आप अपनी टीम के सदस्यों के बारे में महसूस करते हैं, वैसा ही एक लीडर के रूप में आपके दृष्टिकोण में झलकेगा और साथ ही आप उनके लिए वैसा ही वातावरण बनाएँगे।

रचनात्मक सोच को हमेशा प्रोत्साहित करना चाहिए।इससे न केवल व्यावहारिक विचार पैदा हो सकते है, बल्कि यह विचार या सुझाव को काम पर लागू करने के लिए ज़रूरी प्रतिबद्धता भी देता है।

जीतने वाली टीमें तब बनती हैं, जब लोग रोज़ाना के निर्णयों में सीधे शामिल होते हैं, हासिल किए गए रिजल्ट को देख सकते हैं और शानदार प्रदर्शन के लिए पहचाने जाते हैं।

निर्णय लेने में प्रत्यक्ष भूमिका बढ़ाने के लिए:

- सबसे पहले, अपने निजी कार्य भार की जाँच करें।तय कर लीजिए कि कितने काम आप खुद कर सकते हैं और कितने काम ऐसे है जो दूसरों को सौंपे जा सकते हैं।

- तथ्य और आंकड़े साझा करें।सुनिश्चित करें कि ज़रूरी जानकारी आसानी से उपलब्ध हो या प्राप्त करना आसान हो।

- काम में अपेक्षित उत्कृष्टता के लिए वातावरण बनाएँ।डराने और धमकाने की रणनीति का कभी भी उपयोग न करें।तय करें कि कौन से मापदंड लोगों को खुद का सटीक और निष्पक्ष रूप से मूल्याँकन करने में सक्षम बनाएँगे।

एक टीम लीडर के रूप में आप कैसे मूल्याँकन करेंगे? की आप कौन से गुण महत्त्वपूर्ण मानते हैं? 5000 से अधिक कर्मचारियों के एक अध्ययन से जो जानकारी प्राप्त हुई, उससे कुछ अंदरुनी बातें सामने आई कि लोगों ने अपने बॉस को कैसे देखा। प्रतिभागियों ने एक दर्जन से भी अधिक व्यवसायों और सरकारी एजेंसियों के लिए काम किया था।इस जानकारी ने 10 आवश्यक गुणों या विशेषताओं पर प्रकाश डाला जो कि एक सफल टीम लीडर के लिए ज़रूरी है।उन गुणों की पहचान, प्रबंधक की उम्र, चाहे वह पुरुष हो या महिला, इंडस्ट्री का आकार या लोकेशन, ऑर्गनाइजेशन का ढाँचा या कॉर्पोरेट कल्चर की परवाह किए बिना की गई।निम्नलिखित प्रश्नोत्तरी इन 10 गुणों पर केंद्रित है।प्रत्येक आइटम के बाद, खुद को तीन श्रेणियों "मज़बूत" "औसत" या "कमजोर" के रूप में रेटिंग करें. फिर दूसरे पाँच ऐसे लोग जो आपको अच्छी तरह से जानते हैं, उनसे उन्ही आइटम्स पर आपको रेटिंग देने के लिए कहें।

| मज़बूत | औसत | कमजोर |

1.   स्पष्ट निर्देश देने करने की क्षमता।
2.   दोनों तरफा खुले कम्युनिकेशन्स को प्रोत्साहित करना।

3. लोगों को प्रशिक्षित करने और उन्हे सपोर्ट करने की इच्छा।

4. सीधे तौर पर प्रशंसा करना।

5. चल रहे नियंत्रण को बनाए रखना।

6. ऑर्गनाइजेशन स्टाफ के लिए सही लोगों का चुनाव करना।

7. निर्णयों की वित्तीय उलझनों को समझना।

8. नवाचार और नए विचारों को प्रोत्साहित करना।

9. ज़रूरत पड़ने पर स्पष्ट निर्णय देना।

10. निरंतर ऊँचे स्तर की नैतिकता को दिखाना।

दूसरों की प्रतिक्रियाओं के साथ तुलना करें कि आपने खुद को कैसी रेटिंग दी है।जहाँ अंतर है, उन क्षेत्रों पर चर्चा करें।जानिए ऐसा क्यों हुआ।उदाहरण दीजिए, कमजोरियों को आगे या प्राथमिकता में रखकर अरेंज करें ताकि आप उन्हें ठीक करने के लिए व्यवस्थित रूप से काम कर सकें।आप अपने आप को कैसे देखते हैं, कभी-कभी यह साफ तौर पर दूसरों से विपरीत होता है।हो सकता है कि आप स्वयं को कूटनीतिज्ञ के रूप में देखते हो, लेकिन वे आपको संरक्षक के रूप में देखते हो।आपको जो सतर्क चाल महसूस हो वह दूसरों को अनिर्णय की स्थिति लग सकती है। हो सकता हैं कि शायद आप नहीं जानते हो, कि आपको सख्त और अक्खड़ समझा जाता है।जब तक आप अपने व्यवहार का सटीक विश्लेषण प्राप्त नहीं कर लेते, आप तब तक दूसरों पर अपने प्रभाव का एहसास नहीं कर सकते।

अपने आपसी संबंधों का विकास करना

निम्नलिखित 10 प्रश्न आपको खुद को अधिक निष्पक्ष होकर देखने में मदद करेंगे। प्रत्येक का ईमानदारी से हाँ या ना में जवाब दें।व्यवहार का बचाव न करें।भले ही अपने व्यवहार के पीछे की परिस्थितियाँ और मोटिवेशन हम जानते हैं, लेकिन दूसरे सिर्फ हमारे एक्शन देखते हैं।

1. क्या आप घमंडी या एहसान जताने वाला एटीट्यूड रखते है? ऑर्गनाइजेशन के अन्य लोगों से बात करते समय क्या आप उन्हें अपने व्यवहार में सुधार करने की बात करते हैं?

   हाँ __________ नहीं __________

2. क्या आपको पूरी तरह नियंत्रण में रहने की आवश्यकता है? क्या आपके सामने सब कुछ स्पष्ट होना चाहिए?

   हाँ ___________ नहीं ___________

3. मीटिंग्स में, क्या आप अपने कमेंट्स में अनुचित समय लगाते हैं?

   हाँ ___________ नहीं ___________

4. क्या आप हमला करने में तेज हैं?

   हाँ ___________ नहीं ___________

5. क्या आप दूसरों को अपने समान विशेषाधिकार और रियायत देने के हक़ में नहीं रहते?

   हाँ ___________ नहीं ___________

6. अपनी गतिविधियों के बारे में बात करते समय, क्या आप अक्सर "मैं" शब्द का उपयोग करते हैं?

   हाँ ___________ नहीं ___________

7. क्या दूसरे आपकी प्रशंसा इसलिए करते हैं, क्योंकि आप मज़बूत और सक्षम हैं या आपकी पोजीशन और स्टेटस के कारण करते है?

   हाँ ___________ नहीं ___________

8. क्या लोग आपको भावहीन और रूखा बोलते हैं, लेकिन आप वास्तव में चाहते हैं कि वे आपको पसंद करें?

   हाँ ___________ नहीं ___________

9. क्या आप खुद को अपने सहकर्मी या आपका बॉस से अधिक सक्षम मानते हैं? क्या आपका व्यवहार इसे दर्शाता है?

   हाँ ___________ नहीं ___________

10. क्या आपको हैसियत और शक्ति दिखाने में मज़ा आता है?

हाँ __________ नहीं __________

यदि आपने इनमें से तीन से पाँच प्रश्नों का उत्तर हाँ में दिया है, तो आपके व्यवहार को शायद सख्त या गलत माना जाएगा।अगर आपने छह या अधिक प्रश्नों का उत्तर हाँ में दिया है तो आपके व्यवहार में गंभीर समस्या हो सकती है।

दूसरे आपको कैसे देखते हैं, इसका सीधा असर उनके मनोबल पर पड़ता है।यदि ऐसा लगता है कि यह एक समस्या है तो सबसे पहले आपको अपना व्यवहार देखना है।उसमें बदलाव करने पड़ सकते हैं।आजकल ज्यादातर कंपनियाँ एक्जीक्यूटिव कोच की सेवाएँ ले रही हैं ताकि वे मैनेजर्स की सहायता कर सके खुद को उस रूप में देखने में जिनमें दूसरे उन्हें देखना चाहते हैं और सुधार के लिए उनका मार्गदर्शन करें।

उत्साह बढ़ाना

मनोबल दिया नहीं जा सकता। अगर टीम के सदस्य जोर देते है, सौहार्दपूर्ण ढंग से अपने कैरियर के लक्ष्यों को जाहिर करते हैं और उनकी प्रशिक्षण संबंधी ज़रूरतें सुनी जाती हैं, वहाँ अच्छे मनोबल का मौका होता है।जब प्रबंधकों और कर्मचारियों के बीच एक साझेदारी विकसित होती है, तो वहाँ मनोबल बढ़ता है।

दूसरे शब्दों में, टीम के सदस्यों को सशक्त बनाने से मनोबल में बढ़त होती है। जब उन्हे लगता हैं कि वे एक्शन लेने की पहल कर सकते हैं, तो उन्हे अपने काम पर कुछ नियंत्रण करने दें और उनके निर्णय में शामिल रहें, इससे उनके मनोबल में वृद्धि होगी।

हार्वर्ड यूनिवर्सिटी में मैनेजमेंट के प्रोफेसर, डॉ. हैरी लेविंसन का मानना है 1) कि जब प्रबंधक सब कुछ अपने लिए रखते हैं तो एक तरह से वे कर्मचारियों को बता रहे हैं कि वे महत्त्वपूर्ण बातें बताने के लिए अनुपयुक्त हैं और 2) जब प्रबंधक टीम मेम्बर्स के करियर के लक्ष्यों पर विचार करते है, तो वे उनका मनोबल बढ़ाते हैं।

क्या उन्हें ट्रेनिंग की ज़रूरत है? क्या अतिरिक्त स्किल्स में महारत हासिल करने के लिए और समय चाहिए?

आपको बदलना पड़े, इससे पहले बदल जाएँ

बदलाव आसानी से नहीं आता,... लेकिन इसमें परेशानी कम हो सकती है, अगर आप:

1. अपने बारे में तथ्यात्मक सोचें की अभी आप कहाँ हैं?वहाँ तक आप कैसे पहुँचें? यदि आप कुछ अलग नहीं करेंगे तो भविष्य में कहाँ होंगे?

2. अपने व्यापक क्षितिज को देखें।आप जिन जोखिमों या खतरों का सामना करते हैं, वे किन बदलावों से खत्म हो पाएँगे?

3. अपनी दृश्यता बढ़ाएँ।दूसरों से अलग दिखने के लिए आपका लक्ष्य उनके लक्ष्य से ज़्यादा ऊँचा होना चाहिए।

4. अपने विकल्प खुले रखें।ज़्यादा विकल्प बनाने के लिए अपनी श्रेष्ठ प्रतिभा का उपयोग करें।

जो लोग योजना बनाते हैं और तैयारी करते हैं, वे उन लोगों से बेहतर प्रदर्शन करते हैं जो योजना नहीं बनाते।अनचाहे झटकों से बचने के लिए :

- आप जो करते हैं, उसमें विशेषज्ञ बनें।

- जानें कि आपको किन संसाधनों की ज़रूरत है, साथ ही उन्हें कहाँ से और कैसे पा सकते हैं।

- उच्चतम लाभ पाने के लिए उन संसाधनों को जहाँ ज़रूरत हो, वहाँ ले जाएँ।

- प्रगति को मापने के लिए एक लक्ष्य प्रणाली स्थापित करें।

- भविष्य के बारे में यथार्थवादी दृष्टिकोण अपनाएँ-विचारों पर भरोसा न करें।

- शेड्यूल में सावधानी से समय का विभाजन करें।

- आत्म-अनुशासन का सबसे अच्छा उदाहरण बनें।

- नकारात्मक लोगों से दूर रहें।

उदाहरण: जो परिवार ओमाहा स्टीक्स का मालिक है उसे एहसास हुआ कि उनके हाई क्वॉलिटी वाले मांस को विभिन्न प्रकार के आउटलेट के माध्यम से लाभप्रद रूप से बेचा जा सकता है। सबसे पहले उन्होंने मीट स्टीक्स स्टोर को होटल और रेस्तरां में बेचा।1963 में, उन्हें कैटलॉग में पेश किया गया था।1990 के बाद से, वे ऑनलाइन

बेचते हैं और कंपनी अब 1.5 मिलियन ग्राहकों को अपने प्रोडक्ट भेजती है।

अपनी क्षमताओं का लाभ उठाएँ

असफलता ज्यादातर गलत चुनावों की
तुलना में अनिर्णय का परिणाम होती है ।

लगभग सभी ने कभी न कभी दिशा बदलने की ज़रूरत महसूस की होगी। उस वक्त शायद उनको लगता हैं कि जहाँ वे अभी हैं, वे अपनी सीमा तक पहुँच चुके हैं। अब शायद एक नया मौका मिल जाएगा।

हो सकता है कि वे रोज-रोज वही काम करते-करते थक गए हों, इसके पीछे जो भी प्रेरणा हो। जब ऐसा होता है, तो अपनी ताकत पर ध्यान केंद्रित करने के लिए इन तीन समाधानों पर विचार करें:

- **बाधाओं की अपेक्षा करें।**

  आलोचना और प्रतिक्रिया मांगे। यदि आपका विश्वास काफी मज़बूत हैं तो आपके रास्ते में जो कोई भी बाधा खड़ी हो, आप उस पर काबू पाने के तरीके खोज लेंगे। मार्क गियरन, जो एक शिक्षक थे, उन्होने उस जॉब को छोड़कर ऐसे समय में सरकारी संस्थान पीस कॉर्प्स का निदेशक बनना चुना, जब सरकारी सर्विस विशेष लोकप्रिय नहीं थी। नौकरी उन्हें बहुत पसंद आई, क्योंकि वह वास्तव में सरकार की ओर से ज़रूरतमंद लोगों की मदद करने में सक्षम थे।

- **चमत्कार की उम्मीद न करें।**

  जब आप एक नई शुरुआत करते हैं, तो समझ लें कि धीरे-धीरे प्रगति होती हैं, अपने अंतिम लक्ष्य पर फोकस रखें।

- **अपने सर्वोत्तम काम से कम पर कभी संतुष्ट न हों।**

  जिम्मेदारी की तलाश करें। सफलता तब मिलेगी जब आप एक भूमिका तलाश लेंगे जो रचनात्मक रूप से आपकी क्षमताओं के कॉम्बिनेशन का उपयोग करने में मददगार हो। जिसमें आप सर्वोत्तम करते हैं, उससे बचें नहीं। अपनी प्रतिभा और अपनी रुचियों के बीच संतुलन बनाएँ।

डेल्को के संस्थापक और जनरल मोटर्स के पूर्व वाइस प्रेसीडेंट, चार्ल्स केटरिंग, अपनी

मेहनत की वजह से सफल आविष्कारक और बिजनेसमैन बने, जिनके आगे केवल थॉमस एडिसन थे। केटरिंग, जिन्होंने 200 से अधिक पेटेंट करवाए, वे इलेक्ट्रॉनिक सेल्फ-स्टार्टर के लिए जाने जाते थे, जो आज अधिकांश कार इंजनों में पाया जाता है। डीजल इंजन, एंटी-नॉक गैस, घरेलू एयर कंडीशनिंग इकाइयों के विकास और कारों के लिए तुरंत सूखने वाले पेंट के आविष्कार में भी अग्रणी थे।

उन्होंने पारंपरिक स्कूली शिक्षा को बहुत कम समय दिया था और तर्क दिया कि, "अत्यधिक शिक्षित लोगों में नई खोज करने की संभावना बहुत कम है, क्योंकि वे चीजों को उस तरह से करने का इरादा रखते हैं, जिस तरह से उन्हें सिखाया गया था।"

केटरिंग के लिए आंखों में भारीपन एक समस्या थी, इसलिए सहपाठी उन्हें जोर से पढ़कर सुनाते थे, इससे उन्होंने खुद की आंतरिक दृष्टि पर भरोसा करना सीखा और इस बात ने उन्हे बेहतर मानसिक चित्र खींचना सिखाया।

संदेह करने वालों से बचें

आशावादी संभावनाएँ देखते हैं।
निराशावादी देखने से इंकार करते हैं।

यदि वे लोग आपको सबसे अधिक प्रभावित करते हैं, जो हमेशा उसके बारे में चिंतित रहते हैं, जिसे नहीं किया जा सकता है तो उनसे जुड़ने पर होने वाले नुकसान के लिए आप खुद जिम्मेदार हैं।संदेह करने वाले और निराशावादी या तो वहीं रहते हैं या उनकी स्थिति और बिगड़ जाती हैं।अगर आपको लगता है कि चीजें बेहतर हो सकती हैं तो इन "फफूंदी वाले" लोगों से बचें (लंबे समय तक अंधेरे में रहने की वजह से एक कवक से पीड़ित) 1920 में, क्लार्क विश्वविद्यालय, वॉर्सेस्टर, मैसाचुसेट्स में फिजिक्स के प्रोफेसर रहे रॉबर्ट गोडार्ड ने इस विश्वास को व्यक्त करते हुए एक पेपर में लिखा कि चाँद पर पहुँचने में सक्षम होने के लिए मनुष्य रॉकेट का निर्माण कर सकता है।कहानी दुनिया भर के अखबारों में छपी।उनमें से कुछ लोग ज़्यादा सहमत नहीं थे।उदाहरण के लिए, न्यूयॉर्क टाइम्स और लंदन ग्राफिक ने कहा कि रॉकेट के लिए अंतरिक्ष में प्रदर्शन करना असंभव है, क्योंकि वहाँ इसके खिलाफ धक्का देने के लिए गुरुत्वाकर्षण नहीं होगा।एक और पेपर ने अशिष्ट प्रकार से कहा कि हाई स्कूलों में रोज़ाना जो "ज्ञान" बांटा जाता है, गोडार्ड के पास इसकी कमी है, किन्तु वह निराश नहीं हुए।उन्होंने घोषणा की, "हर सपना तब तक एक मजाक ही होता है, जब तक कोई आदमी इसे पूरा नहीं कर लेता।"

वह जानते थे कि अंतरिक्ष में सफल होना है तो रॉकेट को ऊपर धकेलने के लिए

एक नए ईंधन की आवश्यकता होगी।उन्होंने तरल हाइड्रोजन और तरल ऑक्सीजन के मिश्रण पर काम करना शुरू कर किया।हाइड्रोजन से रॉकेट आगे बढ़ेगा और ईंधन को जलाए रखने के लिए ज़रूरी हवा की जगह ऑक्सीजन ले लेगी। 1926 में, गोडार्ड ने 10 फुट का रॉकेट बनाकर लॉन्च किया, जो 60 मील प्रति घंटे की गति तक पहुँच गया ।2.5 सेकंड हवा में रहा और 41 फीट की ऊँचाई तक ऊपर गया।उनका हौसला बढ़ा, लेकिन वह जानते थे कि पृथ्वी के गुरुत्वाकर्षण से बचने के लिए रॉकेट को कम से कम 25,000 मील प्रति घंटे की गति से जाना होगा।उन्होंने रोसवेल, न्यू मैक्सिको के पास, 14, 16, और 18 फीट- रॉकेट के कई मॉडल बनाए, जो 2,000, 7,500 और 9,000 फीट की ऊँचाई तक पार कर गए।एक ध्वनि की गति को भी पार कर गया।दूसरे में फिन-स्टैबलाइज्ड स्टीयरिंग जैसे कुछ क्रांतिकारी फीचर्स थे।

जब द्वितीय विश्व युद्ध छिड़ा, तो गोडार्ड की तकनीक से हवाई जहाजों द्वारा उपयोग में लाए जाने वाले रॉकेट का निर्माण किया गया।1945 में उनकी मृत्यु से पहले उनके पास 214 पेटेंट थे और उन्हें न केवल आधुनिक रॉकेटरी में अग्रणी के रूप में स्वीकार किया गया था, बल्कि वह अब भी अंतरिक्ष उड़ान के जनक के रूप में पहचाने जाते हैं। उन्होने सभी संदेह करने वालों पर जीत हासिल की।

आगे की ओर अपना झुकाव रखें, पीछे मुड़कर न देखें

युद्ध में ग़लतियों के लिए कुछ ही मौके मिलते हैं।जो सैन्य कमांडर पूर्वानुमान लगाते हैं, वे आमतौर पर हार जाते हैं।जब बहुत ऊँचे दांव लगे हो तो निर्णय तुरंत किए जाने चाहिए।इतिहास के कुछ महानतम सैन्य नेताओं द्वारा सैट किए गए उदाहरण उन सभी के लिए कीमती सबक हैं जो सुधार करना चाहते हैं।

यूलिसीज़ एस ग्रांट - के विषय में, राष्ट्रपति अब्राहम लिंकन एक बार कहा था:- "मैं इस आदमी को नहीं छोड़ सकता, क्योंकि लड़ाई में वह बहुत अच्छा है।" उन्हे बताया गया कि ग्रांट को पीना भी पसंद था तो लिंकन ने उत्तर दिया:- "मुझे उसका ब्रांड बताओ ताकि मैं अपने सभी जनरलों को वही ब्रांड भेज सकूं।जनरल विलियम टी. शर्मन ने कहा: "मुझे रणनीति, रसद और मिलिट्री एम्पलॉयमेंट के हर पहलू के बारे में उसकी (ग्रांट) तुलना में ज़्यादा नॉलेज है, लेकिन एक पहलू है, जिसमें ग्रांट मुझे और दूसरे सभी को मात देता है।वह यह है कि उसे समस्याएँ परेशान नहीं करती। वह समस्याओं के अंदर घुसता है और आगे बढ़ने के लिए मेहनत करता रहता है।

हन्नीबल - रोम के लोग हैनिबल की उस योजना के बारे में जानते थे, जिसमें उसे हाथियों के झुंड का नेतृत्व करके एल्प्स से होकर रोम जाना था, लेकिन लोगों कहा कि यह नहीं किया जा सकता।हन्नीबल ने जवाब दिया: "हम रास्ता खोज लेंगे या एक

नया रास्ता बना लेंगे।”

एडमिरल डेविड फैरांगुट- अगस्त 1864 में, अमेरिकी सिविल वार के दौरान मोबाइल बे की लड़ाई में फैरागट ने चार आयरनक्लाड मॉनिटर और 14 लकड़ी के जहाजी बेड़े की कमान संभाली।वह कन्फेडरेट राइफल हमले की तरफ रवाना हुए, जहाँ एक बारूदी सुरंग ने उनके अगुवाई कर रहे मॉनिटर जहाज को नष्ट कर दिया। उनका कारवां ठंडा पड़ गया।

फैरागट के कुछ अधिकारियों ने उनसे पीछे हटने का आग्रह किया; इसकी बजाय, उन्होंने खुद को अपने फ्लैगशिप की रस्सियों से बांध लिया था और अपने जहाज यूएसएस हार्टफोर्ड को माइनफील्ड में भेजने का आदेश देते हुए दुनिया की प्रसिद्ध कमांड जारी की: “ भाड़ में जाए टारपीडो! पूरी गति से आगे बढ़ो!” मतलब खतरे की परवाह मत करो और तेज गति से आगे बढ़ना जारी रखो।

अपनी टीम के सदस्यों को प्रेरित करने के लिए, साहसी
लोग डर के मुँह पर कहते हैं कि, आ जाओ ।

नेपोलियन बोनापार्ट - जब नेपोलियन से आगे की योजना बनाने और सोचने पर, उनकी प्रतिभा के बारे में पूछा गया तो नेपोलियन ने उत्तर दिया : “यदि मैं हमेशा तैयार दिखाई देता हूँ तो ऐसा इसलिए है, क्योंकि किसी काम में हाथ डालने से पहले, मैंने लंबे समय उसके बारे में सोचा होता है और यह पूर्वाभास करने की कोशिश की होती है कि आगे क्या हो सकता है।यह प्रतिभा नहीं है, जो मुझमें अचानक प्रकट होती है और चुपके से बताती है कि दूसरों द्वारा अप्रत्याशित परिस्थितियों में मुझे क्या करना चाहिए।यह ध्यान और तैयारी है।

आप जो कहते हैं उससे नहीं, बल्कि आप जो करते हैं उससे नेतृत्व होता हैं।

5

प्रदर्शन को अधिकतम बनाना

मनोवृत्ति आपका व्यवहार तय करती है।इस मुद्दे की तरफ बढ़ते हुए पहला प्रश्न यह है कि क्या आप जवाबदेह हैं?

अपने कामों के लिए जिम्मेदारी स्वीकार करें

पीटर ड्रकर बुद्धिमानी से बताते हैं कि किसी प्रभावशाली अधिकारी को चरित्र, दूरदर्शिता, आत्मनिर्भरता और साहस का विकास करना चाहिए।हमारे ऑर्गनाइजेशंस हमें यह याद दिलाते हैं कि वे उन साधारण लोगों से मिलकर से बने होते हैं, जिन्हे असाधारण काम करने चाहिए, लेकिन अगर लोग जिम्मेदारी से बचते हैं तो ऐसा नहीं हो सकता।

लोगों को जवाबदेह होना सिखाया जाना चाहिए।

प्रबंधकों को यह सीखना चाहिए कि दीर्घकालिक सफलता के लिए, ज़रूरत पड़ने पर कार्यभार संभालने की इच्छा और विफलता के जोखिम की आवश्यकता होती है।

किसी को भी अचूक निर्णय लेने वाला वरदान नहीं मिला है। वह व्यक्ति पैदा ही नहीं हुआ है जो हमेशा सही कदम उठाए। यह बिंदु उस महिला के उदाहरण से स्पष्ट किया गया है, जिसे एक प्रमुख मार्केटिंग पोजीशन पर पदोन्नत किया गया था। अपनी नई नौकरी पर अपना पहला काम पूरा करते ही वह यह जानकर दंग रह गई कि उसने एक गंभीर गलती की है, जिसके परिणामस्वरूप प्रोजेक्ट फेल हो गया और कंपनी को 100,000 डॉलर से अधिक की कीमत चुकानी पड़ी। जब उसके बॉस ने उसे अपने ऑफिस में बुलाया, तो उसने माफ़ी मांगी और कहा, "शायद आप अब मुझे नौकरी से निकालने वाले है।" बॉस ने जवाब दिया, "तुम्हें नौकरी से निकालने वाला हूँ? बिल्कुल नहीं, मैंने तुम्हें प्रशिक्षित करने के लिए अभी 100,000 डॉलर खर्च किए हैं।"

निर्णय लेने से पहले सोचें

आप बुनियादी बातों पर विचार करने के लिए खुद को अनुशासित करके अपने निर्णय को सुधार सकते हैं:

- चीजों के बारे में सोचने के लिए समय निकालें। जब भी आपको किसी समस्या का सामना करना पड़े तो सिर के बल दौड़ कर एक्शन लेने यानि जल्दबाजी करने वाले आवेग को नियंत्रित करें। पहले जो हुआ उसका कारण ढूंढे। कोशिश करके देखें कि जो गलत हुआ है उसे कैसे बदला जा सकता हैं।

- प्रत्येक मुमकिन समाधान के साथ, जो अच्छा-बुरा हो सकता है, लागत, जोखिम और जो समस्याएँ और आपत्तियाँ उठ सकती है, उन सबकी लिस्ट बनाए।

- तथ्यपरक बनें। सही तथ्यों को देखें। जो लीडर तथ्यों से परेशान नहीं होना चाहते वे पहले से ही मुसीबत बुलाने के लिए अपना मन बना चुके होते हैं।

- अपने पक्षपात, पूर्वाग्रहों और निजी नापसंद बातों को काम से अलग रखें। दूसरे लोगों की प्रतिक्रिया देखने- जानने की कोशिश करें। आपकी इच्छानुसार कार्रवाई आपके लिए बहुत मायने रख सकती है. लेकिन सहयोगियों के बारे में क्या? यदि आप उनकी जगह होते, तो आप ऐसा क्या करने की सोचते जो बुद्धिमानी भरा कदम होता? यदि शामिल लोग

सहयोग नहीं करेंगे तो बहुत शानदार योजनाओं के भी विफल होने की संभावना है।चलने के लिए एक रास्ता चुनने से पहले सभी खुले रास्तों पर अच्छी तरह नज़र डाल लें।

- इस तथ्य का सामना करें कि आलोचना हो सकती है।

समस्याओं की अपेक्षा करें

कई प्रबंधकों की असफलता का एक सामान्य कारण समस्या का सामना करने के बजाय इसको नजरअंदाज करना है।किसी भी तरह जिम्मेदारी लेने का निर्णय लें।

जो भी हो, जो लोग निर्णय लेते ही नहीं, उनकी खराब परख या जजमेंट के लिए आलोचना भी नहीं हो सकती।सहयोग बढ़ाने की क्षमता के लिए जाना जाने वाला, एक अग्रणी को-ऑपरेशन का अध्यक्ष निर्णय की अधिकांश ग़लतियों को सिर्फ एक कमेंट से रफ़ा-दफ़ा कर देता है कि "ठीक है, जो हुआ वह पीछे रह गया, अब हमारी अगली योजना क्या है?"

वह लोगों को निर्णय लेने के लिए और मैनेजर्स को मैनेज करने के लिए प्रोत्साहित करता है।वह हमेशा काम होते रहना और हमेशा जीतना ना सही लेकिन औसत जीत चाहता है।कोई कंपनी जो अपनी प्रतिष्ठा पर पहुँच कर गलतियाँ करने के डर से स्थिर हो जाए, वह चाहता है कि इसके बजाय वह चलती रहे।रिकॉर्ड दिखाता है कि इस मामले में आमतौर पर वह जो चाहता है, वो पा लेता है।याद रखना, जीवन बैटिंग एवरेज है।यह कभी भी परफेक्ट नहीं होता है।

हमारे साथ क्या होता है यह इतना महत्त्वपूर्ण नहीं है,
जितना हम क्या करते हैं, यह महत्त्वपूर्ण है।

धारणा वास्तविकता बन सकती है

मैनेजर के रूप में, आप कैसे कहते हैं या किस तरह कहते हैं यह उतना ही महत्त्वपूर्ण है, जितना की आप क्या करने के लिए कहते हैं।इसी से सहयोगियों और कर्मचारियों के प्रति आपका व्यवहार साफ होगा।लोग सोच सकते हैं: " क्या यह सिर्फ व्यस्तता है?" क्या मेरा बॉस सिर्फ मुझ पर यह थोप रहा है, क्योंकि वह खुद इससे निपटना नहीं चाहता है? "क्या सूचना इकट्ठा करने में यह सिर्फ बेकार की कवायद है, जिन पर कभी रोशनी डाली ही नहीं जाएगी? क्या वाकई मेरे काम का कहीं असर होगा?" आपके लोग आपके आदेशों, दिशानिर्देश और आइडियाज को कैसे समझते हैं?

जब आप सहयोगियों से कुछ करने के लिए कहें, तो पक्के तौर पर उन्हें यह भी बताएँ कि ऐसा 'क्यों' कहा है।यही समय देने और कोशिश करने का सही मोल है। वैसे तो एक व्यस्त इंसान के लिए बिना सफाई दिए सीधी बात कहने की आदत पड़ना बहुत आसान है और यह लगता भी यही है कि यह काम पूरा करने का सबसे आसान और सबसे तेज तरीका है, लेकिन शायद यह सबसे अच्छा तरीका नहीं है, इसलिए जब आप लोगों से कुछ करने के लिए कहें, तो ऐसा क्यों कहा या क्यों करना है, यह समझाने के लिए समय निकालें।यह कई फायदों वाली एक बेहतरीन आदत है।

आप जो कुछ कह या कर रहे है, वह क्यों करना चाहते हैं, यह बात समझाने से अपने-आप ही बॉस वाली भावना समाप्त हो जाती है।'कुछ क्यों किया जाना चाहिए' अगर इसका कोई अच्छा कारण हो तो बस यह कारण बताने से ही आप तार्किक और सही रिक्वेस्ट करने की स्थिति में आ जाते हैं।इससे सीधे ऑर्डर देने से जो कसैलापन आ जाता है, वह पूरी तरह से हट जाता है।

जब आप इसका कारण बताते हैं, तो आप इसमें होने वाली ग़लतियों की संभावना भी कम कर देते हैं।जो लोग समझ जाते हैं कि वे काम क्यों कर रहे हैं तो वे कम से कम गलतियाँ करने की कोशिश करते हैं और अगर स्थितियाँ बदल जाए और लगे कि अब इस काम की ज़रूरत नहीं है तो उनके पास इसे रोकने के लिए भी पर्याप्त समझ होगी।

अगर वे नहीं समझेंगे तो अंधाधुंध वही करते रहेंगे जो आपने उन्हें पहले, शुरु में करने के लिए कहा था।यह एक काम से बच निकलने का एक बढ़िया तरीका है।जब चीजें गलत हो जाती हैं, व्यक्ति हमेशा अपने उसी पुराने ख्याल पर उतर सकता है कि, "उन्होंने ही मुझे ऐसा करने के लिए कहा था, मैं तो सिर्फ आदेशों का पालन कर रहा था।" हो सकता है कि आपके मन में जो था, उन्होंने आपके उस निर्देश को कुछ और या उससे अलग समझ लिया हो।

अपने निवेदन के कारणों को समझाते हुए उन लोगों की तारीफ करें, जिन्हें आपने काम पूरा करने के लिए कहा है।यह दिखाता है कि आप जो सोचते हैं वह महत्त्वपूर्ण है।इससे बैकग्राउंड की जानकारी मिलती है और वे अपने खुद के हिसाब से उसका उपयोग करने के लिए प्रोत्साहित होते हैं।

आप उन्हें सुझाव देने की स्थिति में भी रखें जो अक्सर बहुत मददगार साबित हो सकता है।लोग रोबोट नहीं हैं।आप उनका बटन दबाकर उन्हें सोचने पर मजबूर न करें। जितना ज़्यादा आप उनके साथ सिर में दिमाग वाले बुद्धिमान इंसानों की तरह अच्छा व्यवहार करेंगे तो आपके परिणाम उतने ही बेहतर होंगे।

ज़रूर, ऐसे समय होते हैं जब कोई कारण इतना साफ होता है कि यह हर किसी को बताने के लायक ही नहीं होता और कई बार ऐसी इमरजेंसी भी होती हैं कि लोगों को दिए गए समय से बहुत जल्दी करना पड़ जाता है, लेकिन सामान्य नियम अभी भी वही है कि जब आप किसी से कुछ करने के लिए कहो तो समझाएँ कि 'क्यों' कहा जा रहा है।

अपने लोगों को जानें

जिन लोगों ने बिज़नेस में सफलता हासिल की है, उनको करीब से जाना तो पाया कि आमतौर पर चार कारक लगभग हमेशा मौजूद होते हैं।उनके पास: (1) एक्शन लेने से पहले सोचने की प्रवृत्ति होती है।(2) एक भीतरी प्रेरणा (3) जिम्मेदारी लेने की इच्छा और (4) लोगों का नेतृत्व करने की क्षमता।

इसका मतलब प्रतिभा को पहचानना और पूर्णता सीखना है, भले ही लोग बदल जाते हैं।कुछ आगे बढ़ते और विकसित होते हैं, दूसरे संतोष और उदासीनता में कहीं खो जाते हैं।

एक अच्छा लीडर इन अच्छे या बुरे बदलावों से परिचित रहता है। पुराने कर्मचारी, जो काफी लंबे समय से नौकरी कर रहे है तो जैसी नौकरी के दौरान उनकी छवि है, उन्हें उससे अलग कुछ और करते हुए देखने की छवि बनाना मुश्किल हो जाता है और अक्सर उनके महत्व नहीं समझा जाता है।वे इसकी शिकायत नहीं करते कि आप उनके बारे में नहीं सोचते हैं।

हालाँकि, सच्चाई यह हो सकती है कि वे अपने काम में आगे बढ़ गए हो और अब कुछ बड़ा करने के लिए तैयार हो।बहुत से लोग, जो अपनी कंपनियों में वहीं ठहर गए हो, वे चुपचाप कोई दूसरी नौकरी स्वीकार कर लेते हैं और तेजी से बड़ी उपलब्धि की ओर आगे बढ़कर पुराने सहयोगियों को चौंका देते हैं।क्यों? क्योंकि नए एम्पलॉयर ने उनकी क्षमताओं पर नए सिरे से नज़र डाली और उन्हें उनका उपयोग करने का एक मौका दिया।

अच्छे लोगों को निराश होने से बचाने के लिए, उनकी विकासशील प्रतिभाओं पर ध्यान देना बहुत ज़रूरी है।उन्हें उपयोग में लाने का रास्ता खोजें।जॉर्ज बर्नार्ड शॉ ने कहा कि, "जो समझदारी से व्यवहार करता है, वह एकमात्र व्यक्ति मेरा दर्जी है।हर बार जब वह मुझे देखता है तो नए सिरे से मेरा नाप लेता है।बाकी सब तो अपने पुराने नाप के साथ चलते हैं।"

सच है, कुछ लोग अपनी क्षमता की सीमा तक पहुँच चुके होते हैं। उनसे ज्यादा मांगें करेंगे, तो उन्हे पूरा करना उनके वश से बाहर की बात होगी, लेकिन ज्यादातर लोग बॉस जितना पहचानता है, उसकी तुलना में कहीं ज्यादा सीखते और बढ़ते रहते हैं। ऐसे लोगों को अपने पास उन्ही पुरानी नौकरियों में रखना, उनके लिए या कंपनी के लिए अच्छा नहीं है।

सच कहें तो प्राथमिकता तो ज़रूरी काम को ही मिलती है। फिर भी, आप आमतौर पर लोगों को ज़्यादा चुनौतियाँ देने के तरीके निकाल सकते हैं। अगर वे अपने चल रहे असाइनमेंट में अच्छा कर रहे हैं, तो वे और क्या-क्या कर सकते हैं? क्या दूसरा काम देकर उनकी क्षमता को जाँचने का कोई और तरीका है? यदि उन्हें दी गई जिम्मेदारी में महारत हासिल हो गई है तो आप कुछ नया असाइन करके उनकी ज़िम्मेदारी बढ़ा सकते हैं। जब वे खास काबिलियत दिखा रहे हों तो उन्हें उस क्षेत्र में और ज़्यादा मुश्किल काम दें। इससे उनका फैलाव और बढ़त बनी रहती है।

आप जो भी करें, बस लोगों को कम आंकने की कोशिश न करें। नहीं तो, उनका एक नया रूप आपको हैरान कर सकता है। अपने एंप्लॉयज (आदमी या औरत) को ज़्यादा चुनौतीपूर्ण स्थिति में देखने की कल्पना करें। इससे फर्क नहीं पड़ता कि वे कल सक्षम थे, जो मायने रखता है वह यह है कि वे आज और आने वाले कल में क्या कर सकते हैं।

जब जीएम के प्रबंधन ने माना कि कंपनी का मार्केट शेयर उस समय घाट रहा था जबकि अन्य अमेरिकी कार निर्माता कंपनियाँ आम तौर पर जापानी कंपनियों के खिलाफ आधार तैयार कर रही थी। उन्होने एक कंपनी खरीदी और एच. रॉस पेरोट नाम के एक आदमी को लाए, जिसने उसी कंपनी बनाया और डेवलप करके अपने क्षेत्र में अग्रणी बनाया था। वह मनमौजी, लेकिन बहुत सफ़ल आदमी था।

दुर्भाग्य से, जीएम के अगुआ लोगों ने बाहरी व्यक्ति की सुनने से इनकार कर दिया। हालांकि पेरोट उस फली-फूली पर कमजोर पड़ती, कार निर्माता कंपनी का अपने तरीके से मूल्यांकन कर रहा था, लेकिन शीर्ष प्रबंधन यह पता लगाने की कोशिश कर रहा था कि उसे हटाया कैसे जाए। वह उनके गले की फांस बन गया था। यह नए विचारों, दोहराव और बदलाव के विरोध के बीच एक स्वाभाविक समझौता होता है, यह उनके बीच का टकराव था। जैसा कि अक्सर होता है, इस टकराव में दोहराव जीत गया।

अपने सहयोगियों को अपने विचार व्यक्त करने के लिए प्रोत्साहित करें, खासकर जब उनके विचार आपके विचारों से अलग हो । उनकी असहमति न केवल आपको नए विचार देती है, बल्कि जिस तरह से वे समस्याओं का सामना करने के लिए अंतर्दृष्टि प्रदान करते हैं, उससे अपको अधिक प्रभावी ढंग से उनके साथ काम करने में मदद मिलती है ।

– फ्रैंकलिन सी. एशबी

सकारात्मक दृष्टिकोण प्रदर्शन को प्रोत्साहित करता है

दृष्टिकोण न केवल मनोबल, आत्मसम्मान और व्यवहार को प्रभावित करता है, बल्कि यह सीधा कंपनी की बॉटम लाइन को प्रभावित करता है। मैनेजर के रूप में आपका काम कर्मचारियों को चरम उत्पादकता तक पहुँचने में मदद करना है।

ये कुछ बुनियादी सुझाव हैं :

1. टीम मेम्बर्स के सुझावों या प्रगतिशील विचारों के बारे में ऊपरी प्रबंधन को सूचना देना।

2. लोगों को रचनात्मक रूप से सोचने और एक ऐसा वातावरण प्रदान करने के लिए प्रोत्साहित क्रें जिसमें,जब वे कुछ करते हैं तो उन पर हँसे नहीं या उनकी आलोचना न की जाए।

3. उनके द्वारा दिए गए आइडिया का श्रेय कभी न लें।खुद श्रेय लेने के बजाय, अगर आप उस व्यक्ति को उसके आइडिया के साथ स्वीकार करते हैं तो कुछ और भी बेहतर करने के लिए उनका रुझान बढ़ेगा।

4. लोगों को वह काम दें जो उन्हें लगता है कि महत्त्वपूर्ण है।किसी काम के सफलतापूर्वक पूरा करने से बड़ी कोई लिफ्ट नहीं है, इसी से सुधार करने में काफी हद तक योगदान मिलता है।

5. लोगों को बताएँ कि वे आपसे जुड़े हुए हैं।उनकी यह समझने में मदद करें कि आपकी फर्म के साथ जुड़े होने में क्या खास बात है।

6. आपका वर्क-ग्रुप जो करता है, उन्हे उसके महत्व के बारे में सोचने को प्रोत्साहित करें।बहुत बार, लोग अपने काम से इतने प्रभावित नहीं होते हैं

क्योंकि उन्हे लगता हैं कि कोई और उनके काम की परवाह नहीं करता या सोचता है "यह तो कोई भी कर सकता है।"

7. याद रखें, हालाँकि कर्मचारी पैसे के लिए काम करते हैं, फिर भी उनमें से अधिकांश भागीदारी, पहचान, जुड़ाव और उपलब्धि आदि फायदे भी चाहते हैं।इन सबके साथ यदि उचित मानक हों और वेतन भी काम के अनुसार हो तो केवल पैसे के जुनून की भागने की संभावना कम है।

क्षमता वह है जो आप करने में सक्षम हैं।प्रेरणा निर्धारित करती है कि आप क्या करते हैं।आपकी मनोवृत्ति निर्धारित करती है कि आप कितनी अच्छी तरह से काम करते हैं।

– लो होल्ट्ज़

जेनरेशन गैप

काम के प्रति नजरिए में अंतर को लेकर आजकल पीढ़ी अंतराल या जनरेशन गैप के बारे में बहुत कुछ लिखा जा रहा है।पदोन्नति के लिए अर्थॉरिटी स्वीकृति (थ्योरी) और अनुभव का स्थान इसमें शामिल होगा।

हार्वर्ड यूनिवर्सिटी के प्रोफेसर क्विन मिल्स ने उत्पादकता से संबंधित विशेषताओं पर गहन शोध किया है।उन्होंने पाया कि जातीय पृष्ठभूमि से मूल्यों में कोई अंतर नहीं आया था और विभिन्न प्रकार की नौकरियों या अर्थव्यवस्था के विभिन्न क्षेत्रों में लोगों के बीच कोई अंतर नहीं था, लेकिन इसमें उम्र का अंतर वास्तव में बहुत साफ-साफ नज़र आ रहा था।

सर्वेक्षणों और साक्षात्कारों की एक सीरीज में राष्ट्रव्यापी कंपनियों में एक हजार से अधिक प्रबंधक और एक हजार से भी ज़्यादा कर्मचारियों पर रिपोर्टिंग से हार्वर्ड स्टडी में ये जेनरेशन गैप पाए गए।

• द्वितीय विश्व युद्ध के युग की पुरानी पीढ़ी, अर्थॉरिटी स्वीकार करती है। वियतनाम युग के दौरान बड़े हुए नई पीढ़ी के सदस्य, जिन्हे आम तौर पर "बेबी बूमर्स" कहा जाता है, वे आमतौर पर अर्थॉरिटी पर भरोसा नहीं करते।

• पुरानी पीढ़ी काम को एक कर्तव्य के रूप में देखती है, यह इसे अपने और अपने परिवार के भरण-पोषण का साधन मानती है।छोटी पीढ़ी का मानना

है कि काम मजेदार, आनंददायक और थोड़ा सामाजिक होना चाहिए। हेल्थ क्लब आदि के साथ काम भी युवा लोगों के लिए मिलने की प्रमुख जगहों में शामिल हो गया है।

- पुरानी पीढ़ी अनुभव को पदोन्नति के लिए आवश्यक सड़क मानती है।यह पीढ़ी शिक्षा में समय खर्च करने की इच्छुक है और समय खर्च करने के एवज में इनाम की उम्मीद करती है।नई पीढ़ी इंतजार करने का कोई कारण नहीं देखती, यह विश्वास करते हुए कि लोगों को उतनी ही तेजी से आगे बढ़ना चाहिए, जितना उनका प्रदर्शन इजाजत देती है।

- पुरानी पीढ़ी चतुराई में विश्वास करती है। छोटी पीढ़ी ईमानदारी और स्पष्टवादिता की मांग करती है।उनके हिसाब से, चतुराई करना, मुद्दों से बचना है।

- पुरानी पीढ़ी का मानना है कि सभी के साथ समान व्यवहार करके निष्पक्षता हासिल की जा सकती है।युवा पीढ़ी का मानना है कि निष्पक्षता के लिए ज़रूरी है कि व्यक्तियों को अलग बनने की अनुमति दी जाए।

- पुरानी पीढ़ी संपत्ति और स्टेटस पर ध्यान देती है, जबकि युवा पीढ़ी अनुभव में विश्वास करती है।

यह शोध शुरू होने के बाद अब तक, द्वितीय विश्व युद्ध पीढ़ी (WWII) रिटायर्मेंट की ओर आगे बढ़ गई है और बेबी बूमर पीढ़ी अब प्रबंधन के पदों पर बैठने के लिए तैयाए है।उनके बच्चे और पोते-पोतियाँ, जिन्हें अक्सर जेन-एक्स और जेन - वाई (Gen-X और Gen-Y) कहा जाता है, अब उनके भी जीवन को लेकर अलग दृष्टिकोण है।वे स्वतंत्र सोच और अक्सर अर्थॉरिटी विरोधी प्रवृति के होते हैं।21वीं सदी के शुरुआती वर्षों में, जैसे ही वे कार्यक्षेत्र में प्रत्रेश करेंगे, प्रबंधकों को भी उनके साथ प्रभावी ढंग से निपटने के लिए उनकी उम्मीदों और नजरिए के बारे में बहुत कुछ सीखना होगा।

जब युवा लोगों का अनुपात घटता है तो इन अंतरों में अहम बढ़ोतरी होती है। ऐसा होने पर काम में मेहनत की गंभीर कमी हो जाती है।हमें जनरेशन गैप पर बहुत ध्यान देने की ज़रूरत है।आप माने या न माने, अनुभवहीनता के कुछ फायदे हैं।यदि आप ऐसे युवा लोगों को काम पर रखने को लेकर संशय में हैं, जिनके पास आपके बिज़नेस को लेकर कोई बैकग्राउंड नहीं है, तो फिजिशियन सेल्स एंड सर्विसेज इंक के पैट्रिक केली और बिल रिडेल के तरीके से फायदों बारे में सोचें।इस बारे में जाने।

वे मानते हैं कि अनुभवहीन लोग कुछ रुटीन जॉब बहुत उत्साह से कर सकते हैं, अगर उन्हे पता चल जाए कि हमारे पास उनकी तरक्की के लिए एक योजना है।

"हम उनके दिमाग में यह विचार पर भरते हैं कि वे जो अभी कर रहे हैं, वह अस्थायी है", रिडेल कहते हैं। उनके लिए कुछ नया होने की उम्मीद करने का सही समय दो साल नहीं, छह महीने है।परिणामस्वरूप, उन्हे डिलीवरी वैन चलाने और फर्श पर झाड़ू लगाने के लिए बहुत मोटीवेटिड युवा पुरुष और महिलाएँ मिल जाते हैं।

वे यह भी मानते हैं कि लोगों को यह दिखाना आवश्यक है कि कैसे चीजों को "अपने तरीके से" करें।ज्यादातर, वे पाते हैं कि जिन्होंने दूसरी कंपनियों के लिए काम किया है, उन्हें अपना नजरिया छोड़ना चाहिए।दूसरे शब्दों में, उन्हें पहले की बहुत सी चीज़ें "भूलनी" होंगी, तभी वह आगे बढ़ सकते हैं।

रिडेल ने पाया है कि, "अनुभवहीन लोगों को काम पर रखने से आप अपने कल्चर को बेहतर और तेजी से फैला सकते हैं।" उन मामलों में जब वे लोगों को बहुत सारे अनुभव के साथ काम कर रखते हैं जिनके पास इंडस्ट्री का बहुत सा अनुभव होता है, वे ऐसे अनुभवहीन लोगों को भी काम पर रखते हैं तो इस तरह आप एक वर्क ग्रुप को उधर मोड़ना शुरू कर सकते हैं, जिधर वे बहुत तेजी से आगे बढ़ना चाहते हैं।

एक और अच्छा उदाहरण रेंट-ए-कार एंटरप्राइज का है, जो एक वर्ष में दुनिया भर के 220 कैम्पस से हायर किए गए 7000 से अधिक मैनेजमेंट ट्रेनीज को काम पर रखता है।ये ट्रेनीज सबसे निचले कामों से शुरू होते हैं, जैसे- कारों को धोना और ग्राहकों को लेना।जो स्वेच्छा से और उत्साह से इन छोटे कामों को करते हैं, वे सफल होते हैं, क्योंकि वे जानते हैं कि यह कॉर्पोरेट सीढ़ी तेजी से ऊपर ले जाने के लिए अच्छा अवसर है।

थोड़ा त्याग करने वाला, थोड़ा सफल होगा ।
जो ज्यादा त्याग करेगा, वह ज्यादा सफल होगा ।
– जेम्स एलन

6

पारस्परिक व्यवहार की कला को निखारना

एक सकारात्मक दृष्टिकोण उन विकल्पों को जल्दी से सुलझा लेता है, जो सर्वोत्तम परिणाम देते हैं।

का म की जगह पर सबसे बड़ी समस्याएँ तकनीकी क्षमता की कमी नहीं हैं, बल्कि लोगों के व्यवहार कुशल न होने से है। आपके सहकर्मियों से कैसे संबंध हैं, यह बात सफलता और असफलता के बीच एक बड़ा अंतर ला देती है। ज्यादातर स्थितियाँ जटिल नहीं होती और कुछ बहुत ही आसान से कामों द्वारा सुधारी जा सकती हैं।

- **दूसरों का ख्याल रखें।** समय पर पहुँचकर, खाने और दूसरे ब्रेक्स के लिए सिर्फ अलॉट किए समय का उपयोग करके, निजी फोन कॉल और ई-मेल को सीमित करके, व्यक्तिगत समस्याओं को घर पर छोड़कर, दूसरों की संपत्ति का सम्मान करने से और समय बर्बाद न करके, नियमों के अनुसार कपडे पहनकर, गोपनीयता का सम्मान करके और बेकार गपशप से बचकर आप लोगों का ध्यान रख सकते हैं।

- **चिंता के क्षेत्रों को प्रमुख मुद्दे बनने से पहले ही उन पर बातचीत करें।** किसी बात को इतना न बिगड़ने दें, कि वह संकट बनकर हमारे सामने आ जाए और उसे सुधारना मुश्किल हो जाए।

- **पहल करें।** जब जरुरी हो तो आदेश की कड़ी का आदर करें, लेकिन जब संभव हो दूसरों की सहायता भी करें।

मान लें कि आप जिस भी व्यक्ति से मिलें, उसके गले पर एक
निशान हो । जो कहता हो कि मुझे महत्त्वपूर्ण महसूस कराओ ।
ऐसे में आप न केवल अपनी बिक्री में सफल होंगे, बल्कि आप
अपने जीवन में भी सफल होंगे ।

– मैरी के ऐश

बदलाव की तैयारी करें

प्रगति के लिए लगभग हमेशा परिवर्तन की आवश्यकता होती है। इस बदलाव की तैयारी आप किस तरह से करते हैं और इससे कैसे अनुकूलित होते हैं यह आपके व्यवहार से तय होता है।

परिवर्तन करना हमेशा आरामदायक चीज नहीं होता। यह हमें अनिश्चित और असहज बनाता है। यहाँ तक कि जब कोई परिवर्तन सही और तार्किक भी लगे, तो भी हम खुद से पूछते हैं : "किसे पता कि यह कैसे काम करेगा? इससे अच्छा क्यों न चीजों को वैसी ही छोड़ दें जैसी की वे हैं?"

हम सहज रूप से उन नए तरीकों के विरोधी प्रतीत होते हैं, जो हमारे जीवन को बदल सकते है, फिर भी महसूस होता है कि जो जीवन में प्रयोग नहीं करते, वे खुद को पीछे पाते हैं। ये कुछ रणनीतियाँ मदद कर सकती है :

- नए आइडियाज को निष्पक्ष तरीके से जाँचने का प्रयास करें। उनमें से जिन्हे आप तुरंत प्रभाव में लाने का इरादा रखते हैं, उन्हे कुछ एकदम नए और उग्र तरीकों के रूप में लागू न करें। उन्हें विकल्प के रूप में प्रस्तुत करें।

- आपने या दूसरों ने जो चीज़ें पहले ही सफलतापूर्वक कर दी है, नए आइडियाज को लेकर उनके साथ समानता के बिंदुओं पर जोर दें। लोगों को इस बारे में कुछ देर सोचने दें। फिर इस बात को दोबारा उठाएँ ।

- आपको हुए अतिरिक्त लाभों का जिक्र करें, लेकिन बहुत ज्यादा दबाव न बनाएँ। इसके बारे में ऐसे बात करें, जैसे यह एक दिलचस्प संभावना हो सकती है। दूसरों की राय भी सुनें। क्रमबद्ध रूप से किए गए छोटे- छोटे कई बदलाव, एक बड़े बदलाव की तुलना में बहुत कम परेशानी वाले हो सकते हैं।

- यदि इसका साफ़तौर पर बहुत ज़्यादा विरोध है, तो ऐसा करना बुद्धिमानी हो सकती है कि इसे थोड़े समय के लिए छोड़ दें, लेकिन इसे भूलें नहीं। यह बाद में इस तरह लाएँ कि इसके खिलाफ कम आपत्तियाँ उठ सके या जब समय ज़्यादा अनुकूल हो, तब लाएँ।

याद रहे, केवल तर्क से ही केस नहीं जीते जाएँगे। इससे आप कुछ लोगों को परिवर्तन के लिए मजबूर करने में काम्याब हो सकते है, लेकिन जबरदस्ती पसंद नहीं करवा सकते। इस मुद्दे के तूल पकड़ने से पहले कुछ को "खरीद" पाने के लिए भी अपनी तरफ से पूरी कोशिश करें।

परिवर्तन प्रगति के लिए ज़रूरी है, लेकिन ऐसा करना शायद ही कभी आसान होता हो। कठिनाई की मात्रा को पहले से ही माप कर उसे स्वीकार कर लेना एक महत्त्वपूर्ण फैक्टर बन सकता है।

परिवर्तन के प्रतिरोध पर काबू पाना

कम करने की जगह पर बदलाव का विरोध कई तरीकों से दिखाया जाता है, जिनमें शामिल हैं: अनुपस्थिति में वृद्धि, कर्मचारियों का नौकरी छोड़ना, ट्रांसफर के लिए निवेदन और शिकायतें। जिसके परिणामस्वरूप सहयोग में कमी और उत्पादन में गिरावट हो सकती है।

सबसे ज़्यादा प्रतिरोध उन बदलावों से संबंधित है, जिनके कारण नौकरी छूट सकती है, कुशलता के मूल्यों में कमी आ सकती है, वेतन में कमी, या जब नया सिस्टम पेश किया जाए तो पूरा सहयोग देने में अनिच्छा भी एक कारण हो सकती है।

नए आइडिया के लिए निरंतर समर्थन प्राप्त करने के दो सबसे विश्वसनीय तरीके हैं : (1) भागीदारी को प्रोत्साहित करें और (2) नाराजगी को रोकें।

भागीदारी को प्रोत्साहित करें

आपको किन स्थायी समस्याओं का सामना करना पड़ता है? क्या आप उन कारणों को अलग कर सकते हैं? क्या आपने उन कारणों पर काम करना शुरू कर दिया है? आप चाहे किसी गंभीर समस्या को सुलझाने की कोशिश करें या रुटीन के काम, सुझाव लेना आपकी सफलता की कुंजी होगी।

सफल लीडर्स यह समझते और स्वीकार करते हैं कि ज्यादातर लोग सुझाव देना

पसंद करते हैं।अगर वे पसंद नहीं करते तो यह आमतौर पर इसलिए होता है, क्योंकि उनके मैनेजर ने इस बात को बहुत अच्छे से स्पष्ट कर दिया होता है कि असल में इन सुझावों में उनकी जरा भी रूचि नहीं हैं।परिणाम क्या होता है?

फिर लोग नए और बेहतर तरीकों से सोचने की कोशिश में ज्यादा समय बर्बाद नहीं करने वाले है।इसलिए चाहे आप कितने भी प्रतिभाशाली क्यों न हों, जो लोग आपके साथ काम में शामिल है, उनके दिमाग और विचारों को नजरअंदाज करना बहुत बड़ी गलती साबित हो सकती है।

जो लोग लगातार बहुत दिनों तक काम को वास्तव में संभालते हैं, वे यह पता लगाने के लायक होते हैं कि इसे बेहतर कैसे किया जा सकता है।थोड़े से प्रोत्साहन से अक्सर वे कुछ बेहतरीन विचारों के साथ आपके सामने पेश आएँगे।

लीडर्स को न केवल उनके अपने निजी प्रदर्शन और प्रयासों से, बल्कि उनकी टीम के कुल प्रयासों से आंका जाता है।जो मैनेजर एक ऐसा वातावरण स्थापित करने में विफल हो जाते हैं, जिसमें सहयोगियों को उनकी सोच और नए आइडियाज पेश करने के लिए प्रोत्साहित किया जाए, तो उन्हें कभी पता भी नहीं चलेगा कि, उनकी कितना कुछ करने की क्षमता हो सकती है।

क्या आपने नोटिस किया है कि सर्वश्रेष्ठ प्रबंधकों के पास आमतौर पर सबसे काबिल असिस्टेंट होते है? यह मात्र संयोग नहीं है। वे उन्हें आगे बढ़ाने के लिए जानबूझकर अपने साथ रखे जाते हैं।ताकि वे लोगों को स्वयं की परफॉर्मेंस में सुधार करने के लिए सोचने और जिम्मेदारी लेने को प्रोत्साहित कर सकें।

सहयोगियों से ज्यादा सुझाव प्राप्त करने का सबसे अच्छा तरीका केवल सुझाव मांगना है।जब भी आपको कोई समस्या हो तो सभी शामिल लोगों से उस विषय पर बात करें जिस विषय पर आपको सलाह की आवश्यकता है और उन सभी को योगदान करने दें।ज्यादातर तो परामर्श देकर खुश ही होते हैं।

सभी सुझावों के लिए अपनी तरफ से सराहना दिखाएँ।आपको जो भी सलाह मिली हो, उसके बारे में आराम से सोचने के लिए समय लें।उत्तर देने से पहले पर्याप्त समय लेकर पूरी तसल्ली कर लें, तभी अपनी प्रतिक्रिया दें।

बिना नाराज किए, दिए गए सुझावों को अस्वीकार करना

मार्गो मैरस्टन ने किसी समस्या पर चर्चा करने के लिए अपने स्टाफ को एक साथ बुलाया। एक नई सहयोगी, डायएन ने एक समाधान पेश किया। मार्गो ने तत्काल प्रतिक्रिया दी : "हमने पहले भी यह कोशिश की थी और इससे कुछ नहीं हुआ।" अब

यह सच था कि उन्होंने पहले कुछ ऐसी कोशिश की थी, जो असफल रही लेकिन नई सहयोगी डायएन इसका बखान इस तरह करती है "वह मेरे विचार नहीं चाहती।" इससे न केवल वह नाराज थी, बल्कि उसे लगा कि यदि इसी तरह आइडियाज खारिज कर दिए जाते हैं तो आइडिया देने का कोई मतलब नहीं है।

मार्गो इस विचार को डायएन की नकारात्मक प्रतिक्रिया का कारण बने बिना कैसे खारिज कर सकती थी ?

1. **ऐसा निजी तौर पर करें।** दूसरों के सामने सुझावों को कभी नहीं नकारे। वह सुझाव के लिए डायएन को धन्यवाद देकर कहती कि वह अभी उससे वापस बात करेगी।फिर जितनी जल्दी हो सके, उससे विचार पूछती।उसके बाद अगर डायएन उसी सुझाव को दोहराती है तो कह सकती थी कि "हमने दो साल पहले ऐसा कुछ करने की कोशिश की थी और हमें इससे गंभीर समस्या हुई।शब्दों के चयन में अंतर पर ध्यान दें।" इससे कुछ काम नहीं हुआ।ऐसा लगता है जैसे यह अंतिम है। जैसे यह कोई तरीका ही नहीं है इस समस्या से उबरने का।दूसरा दृष्टिकोण यह है कि "हमें इससे समस्याएँ थी, यह वाक्य सुझावों का दरवाजा खुला रखता है।हो सकता है कि इससे डायएन फिर पूछती कि समस्याएँ क्या थीं?" एक बार वह जान जाती है तो वह जवाब दे सकती है, "मैंने इस बारे में नहीं सोचा।मुझे इस पर थोड़ा और सोचना चाहिए या शायद वह कह सकती है, "मैंने उस संभावना पर विचार किया और कुछ और भी तरीके है जिनसे इसे कैसे हल किया जाए देखा जा सकता है।"

2. **सही प्रश्न पूछें।** सुकरात ने अपने छात्रों में से किसी एक को भी कभी नहीं कहा कि वह गलत था।यदि कोई छात्र एक गलत उत्तर के साथ आता तो सुकरात उससे एक और प्रश्न पूछते।प्रश्न करते समय ध्यान से शब्द चुनकर, उन्होंने अपने विद्यार्थियों को सही समस्या सोचने और सही समाधान के साथ आने के लिए प्रोत्साहित किया। इस महान शिक्षक के नेतृत्व का पालन करें । डायएन से ध्यानपूर्वक सवाल पूछ कर मार्गो पुनर्विचार, पुनर्मूल्याँकन, ज़्यादा व्यवहारिक आइडिया पर और ज़्यादा तैयारी करने में उसकी मदद कर सकती था।अच्छे सवालों से, डायएन अपने मूल विचार पर पुनर्विचार कर सकती थी और इसे एक बेहतर आइडिया में बदल सकती थी।

जब आप सुझावों को ठुकराते हैं, तो ऐसा पूरी नम्रता के साथ करें।इसमें कोई शक न रहने दें कि आप विचारों की सराहना करते हैं और आपको इससे और अधिक चाहिए। क्या पता अगला आइडिया पहले वाले से बढ़िया हो।

धन्यवाद दें और सकारात्मक दृष्टिकोण का जश्न मनाएँ ।
इससे हर रोज आप अपनी क्षमता जाँचने के काबिल बनते है ।

7

समस्याओं पर मिलकर काबू पाना

आपके पास जो है, आप जहाँ हैं,
उसी से आप जो कर सकते हैं, वह करें ।

– थियोडोर रूजवेल्ट

जब कोई बात बिगड़ जाए

परिस्थितियाँ बदलती हैं । गलतियाँ होना लाज़मी हैं । जब काम बिगड़ने लगते हैं तो रुककर, विचार करना सबसे बढ़िया नीति है । किसी पर कुछ भी आरोप लगाने की जल्दबाजी ना करें । पहले पता करें कि असल में क्या हुआ था । शांति से, धीरे-धीरे और तरीके से प्रश्न पूछें ।

उत्तेजित और भावुक होने से मामला सिर्फ बिगड़ता ही है । सजा सबसे खराब प्रेरक है, अगर कुछ भी गलत होने की सजा का डर लोगों के भविष्य में अपनी जिम्मेदारी से बचने का कारण बनता है तो ।

लक्ष्य लोगों को दोषी या अक्षम महसूस कराना नहीं है । उन्हें भविष्य में बेहतर करने के लिए प्रेरित करना है और निश्चित रूप से उन्हे खुद पता होना चाहिए कि यह कैसे करना है । दूसरे शब्दों में, संकट टालने वाले दोस्त बने । कर्मचारियों को यह देखने में मदद करें कि क्या गलत है । पक्का करें कि वे बेहतर काम करने के कारणों को समझते हो । जल्दबाजी में आलोचना करने के प्रलोभन को रोकें । लोगों के खराब काम करने पर सवाल पूछें और कारण ढूंढे । फिर उन कारणों पर हमला करें, व्यक्ति पर नहीं ।

अक्सर हमें ऐसे लोगों के साथ काम करना पड़ जाता है, जो हम जैसे नहीं हैं या

75

शायद हमें पसंद नहीं करते हो।उद्देश्य एक साथ लाभकारी तरीके से काम करना और टकराव से बचने के तरीके खोजने है।

इसमें ये सुझाव आपकी मदद करेंगे:

- सराहना करें। उदाहरण: "अच्छा आइडिया है। क्या तुम इसे विस्तार से समझाकर थोड़ा और स्पष्ट कर सकते हो।" विरोधी व्यक्ति में अक्सर आत्मसम्मान की कमी होती है, उसे लगता है कि महत्त्वपूर्ण महसूस होना उसके लिए ज़रूरी है।

- बहस की प्रवृत्ति को रोकें । आमने-सामने की स्थिति विरोधी लोगों को और अधिक उग्र होने के लिए उकसाती है।यह प्रवृत्ति उनसे दूर कर दिया जाए तो वे निहत्थे हो जाएँगे।आपसी सहमति के क्षेत्रों की तलाशा भले ही यह मुश्किल क्यों न हो।

दुश्मनी की सबसे बुरी प्रतिक्रिया अपमान है; इस बात को मान लें कि जब आप किसी को अपमानित करते हैं तो आप उसे अपना दुश्मन बना लेते हो।

टकराव से निपटना

जीवन में झगडा ही सिर्फ अटल नहीं है, बल्कि विरोध और टकराव से भी बचना नामुमकिन हैं।इन दोनों में से किसी की भी परिभाषा इतनी भयानक नहीं है। नियंत्रण करने वाला फैक्टर हमारा व्यवहार या नज़रिया है।क्या हम एक ऐसा नज़रिया दर्शाते हैं जो संघर्ष और विरोध को ऐसी परिस्थितियों के रूप में देखता है, जिसे हर कीमत पर टाला जाना चाहिए या यह मानता है कि टकराव कभी-कभी सकारात्मक और विपक्ष सहायक भी हो सकता है।

प्रभावशाली लोग टकराव के नकारात्मक परिणाम को कम करने के तरीकों का उपयोग करते हैं।यहाँ कुछ भरोसेमंद दिशानिर्देश दिए गए हैं।

1. विरोधियों के बीच आमने-सामने की बैठक ज़रूरी होती है, यकीन करने का यही एकमात्र तरीका है कि आप उनकी स्थिति जानें।

2. अपने विचार न छुपाएँ।पहली मुलाकात में उन्हें खुलने का मौका दें।अगर आप रिश्ते संभाल सकते हैं, तो आप समझौते की राह पर हैं।

3. हैसियत के अंतर को कम कर दें।टकराव का आमने-सामने मुक़ाबला करते

समय विरोधी पार्टियों को बराबर के दर्जें पर रखना सबसे अच्छा उपाय है।

4. आरोप लगाने का प्रयास न करें।अगर आपका नज़रिया समस्या सुलझाने है तो दोष देने से आपका कोई उद्देश्य पूरा नहीं होगा।

5. न्यूनतम संभव स्तर पर झगड़े से निपटें।बहुत बार, मैनेजर खुद को उस झगड़े में शामिल कर लेते हैं, जिन्हें कर्मचारियों द्वारा खुद निपटाया जाना चाहिए।बेशक, कई बार ऐसा भी होता है कि आपको इसमें ज़रूर शामिल होना चाहिए, लेकिन यदि आप कई बार यही करते हैं, तो आप एक रेफरी बन जाएँगे और इस प्रक्रिया में बहुत कीमती समय बर्बाद कर देंगे।

6. खास समाधानों के लिए प्रतिबद्धता को टालें।बहुत ज्यादा समय मामले को बदतर बना सकता है, लेकिन कुछ अंतराल होना सभी शामिल लोगों को अपने विकल्प खुला रखने और ज्यादा लचीला होने में उनकी सहायता कर सकता है।

7. आपसी समझौते के लिए जगह पहचानें। ऐसा कर पाने के लिए उन बिन्दुओं को जल्दी सूचीबद्ध करें जिन पर सभी पार्टियाँ सहमत हो सकती हैं।

8. आपसी लाभ पर जोर दें।इससे सहयोग करने के ठोस कारणों पर रोशनी पड़ेगी।

9. ऐसी भाषा का प्रयोग करें, जिससे किसी को आंका नहीं जाए, जो निंदनीय नहीं हो, कभी-कभी हमें भान भी नहीं होता और भाषा हमारी भावनाएँ प्रकट कर देती है।

10. जब गलतियाँ विरोध का कारण बनती हैं, तो स्पष्ट रहें।आम धारणा बनाने या आधा सच बताने वाले कथनों को टालें जैसे, "आप हमेशा असहमत लगते हैं" या "आप तो कभी बहुत अच्छे मददगार हो ही नहीं सकते।"

11. भविष्य में होने वाले झगड़ों से निपटने के लिए गुट बनाएँ।ऐसा करने से अतीत से मिली सफलता के आधार पर आप आने वाले समय में झगड़ों से निपटने के लिए बेहतर स्थिति में होंगे।

12. पहले अपने स्वयं के पूर्वाग्रहों और भावनाओं की जाँच करके रखें और उन्हें अपनी समाधान करने वाले संकल्प की इच्छाओं के बीच में न आने दें।

आलोचना करना

ये तरीके आजमा कर आलोचना की स्वीकृति को बढ़ाया जा सकता है:

- हासिल की गई सफलताओं और उन्हें हासिल करने के लिए उठाए गए कदमों के आकलन के बारे में पूछकर एक सकारात्मक दृष्टिकोण के साथ शुरुआत करें।

- फिर उन प्रोजेक्ट्स के बारे में बात करें जो सफल नहीं हुए। पूछें कि उन गलतियों से बचने के लिए क्या किया जा सकता था।

- मामले के बारे में अपने सुझाव दें कि अधिक प्रभावी ढंग से क्या किया जा सकता था।

- पूछें कि क्या आप प्रशिक्षण या सहायता प्रदान कर सकते हैं।

- भविष्य में बेहतर परिणाम सुनिश्चित करने के लिए उठाए जाने वाले खास कदमों पर सहमति बनाएँ।

आलोचना पर प्रतिक्रिया करना

कोई भी मूर्ख आलोचना, निंदा और शिकायत कर सकता है - और ऐसा अधिकांश मूर्ख करते हैं।

– डेल कार्नेगी

टकराव को कैसे रोका जाए, इस बारे में एक बात सोची जा सकती है। इसके लिए यह सवाल पूछना काफी है कि "क्या आलोचना से कोई फायदा संभव है?" हम आलोचना को कैसे स्वीकार या अस्वीकार करते हैं, यह स्किल से ज़्यादा दृष्टिकोण का मामला है।

स्रोत पर विचार करें

आपको आलोचना का सबसे ज़्यादा लाभ तब होता है, जब आप इसकी शुरुआत करने वाले व्यक्ति का मूल्यांकन करने के काबिल होते हैं। क्या उस व्यक्ति को पर्याप्त नॉलेज, अनुभव या नई जानकारी है? क्या यह आलोचना पिछले वाली से तुलना करने लायक है? रिकॉर्ड क्या इशारा करते है? क्या यह पहले भी हुआ है?

यदि ऐसा है, तो क्या मुमकिन है कि यह आलोचना पहले से कहीं अधिक सही हो? कारणों का विश्लेषण करें कि जब आपकी आलोचना की जाती है तो किसे फायदा

होता है और किसे नुकसान होता है? क्या यह किसी और घटना का परिणाम था?

ऐसा है तो कौन सी घटना? क्या आपकी आलोचना करने वाला व्यक्ति परेशान था, शेखी बघार रहा था और प्रफुल्लित या शांत, आराम से और संयमित था? अगर शांत और आराम से था तो आलोचना शायद अधिक सटीक है और आपको भी शायद खुद को अधिक शांति से प्रतिक्रिया देनी चाहिए।

यदि आप आलोचना से लाभ उठाना चाहते हैं, तो खुद को शब्दों के हमले से उबारने का रास्ता पकड़ने के लिए आप क्या करते हैं?

यह सवाल विशेष रूप से किसी भी लीडरशिप संभालने वाले इंसान के लिए मान्य है, क्योंकि गलतियाँ पता चलने से जोखिम बढ़ जाता है।इन स्थितियों में आप आरोप या आलोचनात्मक हमले से कैसे उबरते हैं और यह बात आक्रमण की तुलना में ज़्यादा महत्त्वपूर्ण है।

मुख्य मुद्दा यह है कि क्या आप लचीले हैं? क्या आप मुसीबत से पीछे हटते हैं? जिन लोगों ने कभी कोई मैनेजमेंट पोजीशन नहीं संभाली कभी-कभी वे उनसे ईर्ष्या करने लगते है, जो मैनेजमेंट पोस्ट पर है, क्योंकि ऐसा आमतौर पर पोस्ट के साथ मिलने वाली खास फायदों के कारण होता हैं, लेकिन फायदा देखने वाला नजरिया उस पोजीशन की समस्याओं और कठिनाइयों की उपेक्षा कर देता है।

एक कार्यकारी की सफलता काफी हद तक इस बात पर निर्भर करती है कि नापसंद ड्यूटीज और जिम्मेदारियों को अच्छी तरह कैसे पूरा किया जाता है। जो आसान कार्यों पर ध्यान केंद्रित करते हैं और कठिन कार्यों से बचते हैं, वे ज़्यादा नापसंद काम और अधिक परेशानी चाह रहे होते हैं।ऐसे में संतुलन बनाए रखना बहुत बड़ी चुनौती है।

जब आप खुद को असंतुलित पाते हैं तो - रुकें।अपनी सबसे गंभीर समस्या को चुनें।इसका सबसे अच्छा विश्लेषण करें और उसके बारे में कुछ करने की कोशिश करें।जब आप इसे हल कर लें या कम से कम हर संभव प्रयास करें, जो आप कर सकते हैं, तो दूसरी समस्या को चुनें और उस पर काम करने में लग जाएँ।मुसीबतों की गर्दन काटने से पहले छुरी की धार तेज कर लें।

इस तरह एक-एक करके समस्याएँ निपटाएँ। अपनी पूरी कोशिश करें जितनी आप कर सकते हैं।तनाव और चिंता हमारी ऊर्जा को खत्म कर देती है और कोई काम भी पूरा नहीं होता।आप आलोचना से वास्तव में फ़ायदा ले सकते हैं, जब आप हमले से उबरना और ऐसा दोबारा न होने से बचने के तरीके सीख लेंगे।

जब तक हम सुधार की ज़रूरत को स्वीकार नहीं करते, तब तक सुधार होने की

संभावना बहुत कम है।

किसी भी ऑर्गनाइजेशन में राय में मतभेद होना लाजिमी है। अगर प्रबंधक उन लोगों को याद रखते हैं, जो उनसे असहमत होते हैं और मन में उनके प्रति द्वेष भाव पाल लेते हैं तो वे अपने खुद के सबसे बड़े दुश्मन बन जाते हैं।

चेतावनी याद रखें : "अपने अच्छे वक़्त में किसी को बेइज्जत करने को लेकर सावधान रहें, क्या पता, कल आपका वक़्त खराब हो और कौन आपका बॉस बन जाए।" गौर करें कि कुछ लोग आपको लेकर सतर्क क्यों महसूस करते हैं। शायद कभी-कभी वे आपके एक्शन यह जानने के लिए देख रहे होते हैं कि क्या आप कभी उन्हे सपोर्ट करेंगे।

स्मार्ट प्रबंधकों को, जब भी उन्हें किसी के विचारों का विरोध करना हो, आलोचना करना या गलती के लिए किसी की जिम्मेदारी पता करना हो, वे एक कदम और आगे जाने के लिए एक पॉइंट बनाते हैं। वे घाव को जल्द से जल्द भरने की कोशिश करते हैं। वे लोगों को फिर से आश्वस्त करते हैं कि वे उनके विचारों और प्रतिभा की अभी भी सराहना करते हैं और वे उन्हें टीम का मूल्यवान सदस्य मानते हैं। कोई भी ऐसी छोटी-सी बात जो हो जाने के दो सेकंड बाद भूल जानी चाहिए थी, उसे लेकर बातचीत बंद कर देना बहुत बचकाना है।

हम अक्सर मन में द्वेष पाले रखते हैं, क्योंकि हम नहीं जानते कि सुधार कैसे करना है और फिर अहम बीच में आ जाता है। हम पहला कदम उठाने के लिए दूसरे का इंतजार करते हैं, लेकिन अच्छे लीडर बिना रुके पहला कदम उठा लेते हैं। वे जानते हैं कि असहमति पर खुलकर बात करना और इसे हल करना उनका काम है।

वे लोगों को गलतियाँ भूलने में मदद करते हैं। वे समझते हैं कि रिश्तों में कड़वाहट आने देने से किसी का भला नहीं होता, क्योंकि इसमें सबका नुकसान ही होता है।

आलोचना के लिए रचनात्मक प्रतिक्रिया

कोई भी आलोचना का शिकार होना पसंद नहीं करता है, लेकिन हम सभी को समय-समय पर इसकी ज़रूरत होती है। आम तौर पर अकेली आलोचना ही परेशान नहीं कर रही होती है, बल्कि जिस तरह से की जाती है, वह तरीका भी परेशानी का कारण होता है।

आशावादी लोग इससे आहत, असंतुष्ट या उदास महसूस करने से बचते हैं क्योंकि उन्होंने इसे सुधार के साधन के रूप में स्वीकार करना सीख लिया होता है। ऐसा जितना ज़्यादा चतुराई और रचनात्मक तरीके से किया जाता है, उतना ही लॉन्ग टर्म रिजल्ट बेहतर होता है। आपका बॉस जिस तरह से आपकी आलोचना कर सकता है, उसे आप नियंत्रित नहीं कर सकते, लेकिन इस पर कैसे प्रतिक्रिया करनी है, यह आप नियंत्रित कर सकते हैं।

सीखे जाने वाले सबक पर ध्यान दें, तरीके पर नहीं। ध्यान रखें, एक सुपरवाइज़र को उसके डिपार्टमेंट की सफलता से मापा जाता है। यदि आप सफल नहीं होते, तो इससे उन पर भी फर्क पड़ेगा।

समस्याओं का समाधान

> समस्या सुलझाने ले किए सबसे जरुरी चीज है
> कि आप शुरुआत करें।
>
> – फ्रैंक टाइगर

जब समस्याओं का समाधान नहीं होता है तो मनोबल और उत्पादकता दोनों का नुकसान होता है। ऐसे में ये मूल कारण आमतौर पर शामिल होते हैं। जो आपकी स्थिति पर लागू होते हैं, उन्हे जाँच ले और नाम, दिनांक, घटनाएँ और परिणाम नोट कर लें।

- सहयोगी अक्सर सुपरवाइज़र्स की आलोचना नहीं करेंगे।

- लोग पदोन्नति की उम्मीद में अपनी पोजीशन को लेकर सुरक्षात्मक हो जाते हैं।

- तकनीकी विशेषज्ञता रखने वाले लोगों की उपस्थिति उन लोगों को डरा देती है, जो लोग अपनी अज्ञानता को स्वीकार करने से डरते हैं।

- बहुत ज़्यादा जल्दबाजी का भाव अविश्वसनीय निर्णयों को बढ़ावा देता है।

- व्यक्तिगत विरोध अक्सर समस्या के रचनात्मक और मिले-जुले समाधान खोजने में रूकावट पैदा करते हैं।

- लोग समस्याओं को लंबे-चौड़े संगठनात्मक दृष्टिकोण से देखने की बजाय अपने नजरिए से देखते हैं।

- अरुचिकर स्थिति पर ध्यान केंद्रित करना तनाव, भय और अक्सर सभी पार्टियों को अनिश्चितता से भर देता है।

निराशावादी वह होता है जो अपने अवसर के आगे
मुश्किलें खड़ी कर लेता है और आशावादी वह है जो
अपनी मुश्किलों को अवसर बना लेता है।

– हैरी एस ट्रूमैन

8

क्षमताओं को बढ़ाना

ऐसा नहीं है कि चीजें कठिन हैं, इसलिए
हम हिम्मत नहीं करते, बल्कि ऐसा इसलिए है क्योंकि
हम हिम्मत नहीं करते इसलिए चीजें कठिन हैं ।
– सेनेका

क्षमता और प्रदर्शन दोनों एक बात नहीं है। क्षमता या कुछ पाने की काबिलियत और वास्तव में इसे पा लेने में फर्क होता, इनके बीच का अंतर हमारे व्यवहार द्वारा निर्धारित होता है। जिसे हम आमतौर पर अपने आइडियाज और स्किल का उपयोग करते समय या दूसरों के प्रति रखते हैं। क्षमता और प्रदर्शन के बीच संबंध है, लेकिन तभी है, जब योग्य लोग लक्ष्य हासिल करते हैं। परिणाम के बिना क्षमता बेकार है।

क्षमता कैसे बढ़ती या सुधरती है? इसमें बढ़ोतरी तब होती है, जब लोग जानते हों कि उनसे क्या उम्मीद की जाती है; जब वे जानते हो कि वे खुद से क्या उम्मीद करते हैं; जब उन्हे अपनी सीमाएँ पता हो; वे यह जानें कि मदद कहाँ से लेनी है; वे कम से कम दिशानिर्देश के साथ काम कर सकते हो; अपने खुद के लक्ष्यों के खिलाफ अपने प्रदर्शन को मापने में सक्षम हो और सबसे महत्त्वपूर्ण बात यह है कि क्षमता तब बढ़ती है, जब लोग इस विचार से सहज हो कि पुरस्कार, उपलब्धि के पीछे अपने-आप आएँगे। दूसरे शब्दों में, जो लोग सबसे अच्छी तरह काम पूरा करते हैं, उन्हे सबसे अच्छा पुरस्कार मिलेगा।

कर्मचारी प्रतिबद्धता को बढ़ावा दें

प्रभावी कर्मचारी न केवल काम करने में सक्षम होने चाहिए, बल्कि उन्हें सफलता के लिए प्रतिबद्ध भी होना चाहिए और अपेक्षित परिणाम प्राप्त करने चाहिए। आप प्रतिबद्धता को कैसे बढ़ा सकते हैं?

ये अभ्यास कार्य आजमाए हुए और सच हैं :

- अल्पमत को प्रोत्साहित करें। सबकी सहमति जो घातक हो या तयशुदा सीमाओं से बचने के लिए, आपको कभी-कभी जोश में या तुरंत असहमत होना पड़ सकता है, अगर सब सहमत होते लग रहे हो तो मीटिंग जल्दी खत्म न करें।

- नवाचार और रचनात्मकता को इनाम दें। जब कोई नए, अलग या व्यावहारिक आइडिया लेकर आए तो इसकी सराहना करें। इस बात को दूसरों को भी बताएँ कि आप इस रचनात्मक आइडिए की सराहना करते हैं और हमेशा दूसरों को रचनात्मक सोचने के लिए प्रोत्साहित करते रहेंगे।

- विशेष परिस्थिति में होने वाले टकरावों के लिए सहायता प्रदान करें। अगर लोग आपके पास निजी कार्यक्रम की समस्या लेकर आते हैं, तो जिस हद तक संभव हो उनका सहयोग करें।

- शेड्यूल बदलने की या ओवरटाइम की ज़रूरत हो तो जब भी संभव हो, अग्रिम सूचना दें। इससे संकेत मिलता है कि आप इस तथ्य का सम्मान करते हैं कि कर्मचारियों के पास नौकरी के अलावा और भी काम है तथा उनकी दूसरी ज़रूरतें भी होती हैं।

- सहयोग को बढ़ावा दें, प्रतिस्पर्धा को नहीं। बहुत ज़्यादा प्रतिबद्धता या कमिटमेंट भी ऑर्गनाइजेशन के लिए खतरा हो सकता है, क्योंकि इससे लोग अपने एजेंडा और महत्वाकांक्षा में उलझकर अपने ही काम में मस्त हो जाते हैं। समस्या सुलझाने के लिए सहयोग और सहभागी दृष्टिकोण को इनाम देकर इस भावना को रोकें क्योंकि यह टीम वर्क का सार है।

- प्रमुख लोगों की पहचान करें। प्रबंधकों को सबसे निराशाजनक स्थितियों का सामना तब करना पड़ता है, जब वे अपने सबसे ज़्यादा प्रोडक्टिव और प्रतिबद्ध लोगों को खो देते हैं। ऐसे लोगों के व्यक्तिगत लक्ष्य जानिए। उन्हें उन लक्ष्यों को पूरा करने का अवसर दें और सपोर्ट करें। आपका समय और ध्यान उनके लिए महत्त्वपूर्ण हैं।

- अपने संगठन की प्रतिबद्धता को केंद्र में रखें।आपका रोल मॉडल अनदेखा नहीं किया जा सकता।

अपनी मनोवृति बदल कर, मनुष्य

अपना जीवन बदल सकता है ।

– विलियम जेम्स

बिना अस्वीकार्य हुए, असहमत कैसे हों

अक्सर, असहमति को कुछ ऐसा होने के रूप में देखा जाता है, जिससे हर कीमत पर परहेज किया जाए।वैसे, स्वाभाविक तौर पर असहमति में कुछ भी नकारात्मक नहीं है, लेकिन आपका व्यवहार इसे एक प्रमुख समस्या में तब्दील कर सकता है।

यहाँ देखते हैं कि किसी विवाद को सकारात्मक परिणाम में बदलने के लिए क्या किया जा सकता है।

पुराना नारा याद रखें : "जब दो साथी हर बात पर हमेशा एकमत होते है, तो उनमें से एक का होना ही व्यर्थ है।" कुछ बातें ऐसी हो सकती है, जिन पर आपने नहीं सोचा तो आभारी रहें, की इस पर आपका ध्यान लाया गया।शायद, इससे किसी होने वाली खतरनाक गलती को सुधारने का मौका मिलेगा।

अपने पहले क्षणिक आवेग पर यकीन न करें।हो सकता है कि आपका पहला आवेग आपका सबसे अच्छा नहीं, सबसे खराब हो।अप्रिय स्थिति में खुद का बचाव देखना हमारी प्राकृतिक प्रतिक्रिया है।इसलिए सावधान और शांत बने रहें।।

अपने गुस्से पर काबू रखें।व्यक्तिगत समस्याओं या असंतोषजनक प्रदर्शन से निपटते हुए भावुक नहीं तार्किक बनें।

पहले सुनें।उन्हें बात करने का मौका दें।फिर उन्हें खत्म करने दें।

विरोध, बचाव या बहस न करें, क्योंकि इससे अड़चने केवल बड़ी ही होती है। समझ के सेतु बनाने की कोशिश करें, अविश्वास की ऊँची दीवारें नहीं।

समझौते के लिए जगह बनाए।जब आपने उनकी सुनी ली है, तो पहले उन बिंदुओं और क्षेत्रों पर ध्यान लगाएँ जिन पर आप उनसे सहमत हैं।

ईमानदार रहें।उन बिंदुओं की तलाश करें जहाँ आप अपनी गलती मान सकते हैं,

और माफ़ी मांगें; यह आपके विरोधियों में बचाव का भाव कम करके उन्हे शांत करने में मदद करेगा।

उनके विचारों को ध्यान से समझने का वादा करें और इस वादे को निभाएँ। हो सकता हैं, वे सही हो। इस स्तर पर आपके लिए उनकी जल्दी छानबीन करना आसान है, उस स्थिति से तुलना कीजिए, जब आप तेजी से आगे बढ़कर एक्शन ले लेते और खुद को उस जगह पाते कि दूसरे भी कह सकते, "मैंने उसे बताने की कोशिश की, लेकिन उसने नहीं सुनी।"

समस्या को लेकर एक्शन लेना एक बार स्थगित कर दें, जिससे आपको सोचने के लिए समय मिल जाए। अगले दिन या उसी दिन बाद में एक नई मीटिंग रखने का सुझाव दें, जब सभी तथ्यों को सामने लाया जा सके। उन्होंने जो सबसे कठिन सवाल उठाए हैं, जबाव तैयार करने के लिए उन्हे लिख लीजिए।

विवाद के बारे में सोचने का एक अच्छा तरीका खुद से यह पूछना है कि, "क्या वे सही या शायद थोड़ा बहुत सही हो सकते हैं? क्या उनके विरोध या तर्क में कोई सच्चाई है? क्या मेरी प्रतिक्रिया से मेरी समस्या दूर होगी या इससे बस मेरी फ्रस्ट्रेशन ही निकलेगी? क्या मेरी प्रतिक्रिया उन्हें और दूर कर देगी या उन्हें मेरे करीब खींच लाएगी? अच्छे लोग मेरे बारे में जो अनुमान रखते है, क्या मेरी प्रतिक्रिया से वह बढ़ेगा? मैं जीतूंगा या हारूंगा?

अगर मैं जीत गया तो मुझे क्या कीमत चुकानी पड़ेगी? अगर मैं शांत रहूँ, तो असहमति खत्म हो जाएगी? क्या यह मुश्किल स्थिति मेरे लिए एक बढ़िया मौका है? इससे मैंने अब तक क्या सीखा है?"

लीडर्स असफलता से उबरते हैं और जीत जाते हैं

विपत्ति आपके शरीर को फौलादी बनाती है।

– समरसेट मौघम

लंबी जीत उन्हीं को मिलती है जो नुकसान से सबसे ज्यादा सीखते हैं। यह बात प्रोफेशनल खेलों में जितनी ज्यादा साफ है, उतनी और कहीं नहीं और कोई भी उस भावना को फुटबॉल के क्वार्टरबैक खिलाड़ी ब्रेट फेवरे से ज्यादा नहीं दर्शा सकता।

1995 में डिफेंसिव लाइनमैन द्वारा अनगिनत बार जमीन पर पटक दिए जाने के

बाद, फेवरे दर्द निवारक विकोडिन के आदी हो गए।वह एक रात में 15 गोलियाँ लेते थे और खेल से केवल दो दिन पहले रुक जाते।जैसे ही खेल खत्म होता, वह गोलियों पर वापस आ जाते।उल्टी होना और खाना न खाना उनके जीवन का नियमित हिस्सा बन गया था।उनके परिवार और दोस्तों द्वारा दबाव डाला गया और उन्होंने एक निर्णय लिया।वह एक पुनर्वास कार्यक्रम में गए, जहाँ वे छह सप्ताह तक रह और शराब के साथ-साथ विकोडिन भी छोड़ दी।

फेवरे को रिकॉर्ड लगातार तीन साल, 1995, 1996 और 1997 एनएफएल का सबसे मूल्यवान खिलाड़ी माना गया।वे 141 स्टेट गेम में भी खेले- जो एनएफएल क्वार्टरबैक के लिए एक और रिकॉर्ड था।वह कहते हैं "मैं बहुत नीचे गिर सकता हूँ ..., लेकिन मैं हमेशा फिर से उठूंगा।"

कार्टूनिस्ट बिल मौलडिन एक ढीठ किस्म का विद्रोही बच्चा था, जिसे अपनी शरारतों के कारण हाई स्कूल से निकाल दिया गया था।वह चित्र बनाना पसंद करता था, इसलिए तेरह साल की उम्र में उसने अपना शौक पूरा करने के लिए, अपनी दादी से 20 डॉलर उधार लिए और कार्टून बनाने का कोर्स किया।सीखने के लिए, उसने रेस्तरां के मेनू से लेकर राजनीतिक पोस्टर और गैग कार्टून तक सब चित्रित किए।

द्वितीय विश्व युद्ध (WWII) में सेना में रहते हुए, उन्होंने विली और जो के कार्टून बनाकर अपने वरिष्ठों के लिए मुसीबत खड़ी कर दी थी।उनके कार्टून्स में सैनिकों की दुर्दशा का सटीक चित्रण किया गया था, जो सैनिकों को बहुत पसंद आया।जनरल जॉर्ज पैटन, मौलडिन के द्वारा बनाए गए कार्टूनस को बंद करना चाहता था, उसे जनरल ड्वाइट आइजनहावर ने पद से खारिज कर दिया।इतिहास ने उनके साथ इंसाफ किया। उन्हें दो पुलित्जर पुरस्कार मिले और इक्कीस तोपों की सलामी के साथ अर्लिंग्टन राष्ट्रीय कब्रिस्तान में दफनाया गया।

नए कौशल को आजमाएँ

क्या आपके पास कभी किसी प्रोडक्ट के लिए आइडिया था, लेकिन आपने उस आइडिए को यह सोचकर छोड़ दिया कि अगर बाज़ार में इसकी कोई मांग थी, तो किसी और ने इसका पहले ही आविष्कार कर लिया होगा? तो हो सकता है कि आपने सफलता का जबरदस्त मौका छोड़ दिया हो।उदाहरण के लिए:

दो कनाडाई पत्रकार, क्रिस हैनी और स्कॉट एब्बोट ने 1970 के दशक के अंत में अपने अवसर को हाथ ए जाने नहीं दिय, क्योंकि आखिरी सफल बोर्ड गेम के आविष्कार को 50 साल हो चुके थे, ज्यादातर लोगों ने सोचा कि अब वे बीते जमाने

की चीज हैं।हैनी और एब्बोट ने उन शंकाओं को नज़रअंदाज़ किया और पाँच महीने लगाकर उन्होंने एक नया बोर्ड गेम बनाया और अपना गेम, ट्रीवियल परसूट नाम से लांच किया।

कैनेडियन टॉय एंड डेकोरेशन फेयर में इसके केवल 200 गेम्स की बिक्री हुई ।न्यूयॉर्क सिटी के अमेरिकन इंटरनेशनल टॉय फेयर में उनको केवल 144 ऑर्डर ही मिले।इसका डिब्बा बहुत बड़ा था।गेम के डिज़ाइन पर और काम करने की ज़रूरत थी और इसकी कीमत बहुत ज़्यादा थी।

लेकिन हैनी और एब्बोट ने हार नहीं मानी। वे जितना पैसा लगा सकते थे लगाकर अखबारों और पत्रिकाओं को उन्होंने अपनी रचना भेजी। उन्होंने इसे कई मशहूर हस्तियों को भी भेजा, जिसमें से अधिकांश उनको भेजा जिनका जिक्र गेम में लिखे गए प्रश्नों में किया गया था।जॉनी कार्सन ने *द टुनाईट शो* में इस गेम के बारे में उत्साहपूर्वक बात की और .....बिक्री ने उड़ान भरना शुरू कर दिया।

सन् 1984 में, अकेले युनाइटेड स्टेट्स में 20 मिलियन गेम्स की बिक्री हुई थी।

साधारण और आसाधारण के बीच की
खाई को दो चीजों से मापा जाता है -
तटस्थता और दृढ़ संकल्प ।

सम्मान के पात्र बनें

कोई भी यह नहीं मानता है कि भावनात्मक रूप से संतुलित इंसान की तुलना में भावनात्मक रूप से असंतुलित स्मार्ट इंसान के लिए काम करना बेहतर है।दुनिया भर की लगभग 500 के आसपास कंपनियों के अध्ययन ने दिखाया है कि 85 प्रतिशत तक जो चीज एक उत्कृष्ट नेता को साधारण इंसान से अलग करती है, वह उनकी तकनीकी विशेषज्ञता के अलावा अन्य गुण हैं।प्रमुख कारक की पहचान "भावनात्मक बुद्धिमत्ता" या पुराने ज़माने की संवेदना के रूप में की गई है।

"भावनात्मक बुद्धिमत्ता" व्यक्तिगत और सामाजिक सक्षमता दोनों से बनती है।

व्यक्तिगत क्षमता वाले लोग अपने प्रति जागरूक होते हैं। एक तरफ वे अपनी भावनाओं को पढ़ने, अपनी ताकत और सीमा को मापने में समर्थ होते हैं तो दूसरी तरफ आत्मविश्वास के साथ उन पर काम भी करते हैं।उनकी भावुक बुद्धि उच्च है। वे खुद को अच्छी तरह से मैनेज करने के काबिल हैं।वे नियंत्रण में होते हैं।

सामाजिक क्षमता एक ऐसे व्यक्ति का सुझाव देती है जो दूसरों की अंदरुनी दुनिया

के प्रति काफी संवेदनशील है। वे सामाजिक रूप से जागरूक होते हैं। वे सहानुभूति रखते हैं।उन्हें एहसास होता है कि जब गर्व, अहंकार बन जाता है तो आपको मानने या चाहने वाले खत्म हो जाते हैं।

सफल लीडर्स रिश्तों को निभाना जानते हैं।

क्या आप प्रभावशाली मोटिवेटर और बदलाव का मुख्य स्रोत हैं? क्या आप दूसरों की तरक्की में सहायक हैं, रिश्तों का जाल बनाते हैं और टीमों के साथ मिलकर अच्छी तरह काम करते हैं? यदि ऐसा है, तो आप भावनात्मक बुद्धिमत्ता के एक उच्च स्तर का प्रदर्शन कर रहे हैं और सम्मान के योग्य है।

क्या आप घातक भावनाओं को नियंत्रण में रख सकते हैं? क्या आप भरोसेमंद और लचीले हैं? क्या आप अपने प्रदर्शन में सुधार करने के लिए जागरूक हैं, ज़रूरत पड़ने पर काम करने के लिए तैयार और कठिनाइयों का सामना करने के लिए आशावादी है? यदि हाँ, तो आप में एक सफल लीडर बननें की काबिलियत है।

कोच बनें

<blockquote>
मैं एक ऐसा इंसान चाहता हूँ, जो मुझे वह बना दे,
जो मैं बननें के काबिल हूँ।

– राल्फ वाल्डो इमर्सन
</blockquote>

सौभाग्य से, कोचिंग और ट्रेनिंग सोच में सुधार कर सकते हैं।इसका जरिया मैनेजर हैं। दरअसल, जो मैनेजर कोच और ट्रेनर बनने में नाकाम रहते हैं, वे न सिर्फ अपने भविष्य को सीमित करते है, बल्कि अपनी टीम की ग्रोथ भी रोक देते हैं।

जो लोग सुपरवाइज़ करते हैं, कोचिंग उन लोगों को एक विशेष स्थिति में रखती है तथा उनके सकारात्मक दृष्टिकोण को ऑन-द-जॉब सुधारों में बदलने का काम करती है।यह एक सतत प्रक्रिया है।प्रत्येक उपलब्धि के बाद नए लक्ष्य सेट किए जाने चाहिए और इस तरह यही प्रक्रिया फिर से शुरू की जानि चाहिए।

1. *मैनेजमेंट* : यह ध्यान रखना कि असाइनमेंट स्पष्ट रूप से प्रस्तुत किए गए हो, कर्मचारियों को जिम्मेदारी सौंपना, दिशा और सपोर्ट प्रदान करना, आम सहमति और सलाह को आसान बनाना, विश्वास दिलाना, मान्यता और पुरस्कार इसके अंतर्गत आते हैं।

2. *सहानुभूतिपूर्वक सुनना* : जब दूसरे बात करते हो तो कम बोलना और

ज़्यादा ध्यान देना।इसके अलावा सही सवाल पूछना, दखलअंदाजी नहीं करना, उत्साह दिखाना, हंसी-मजाक के साथ गंभीरता और बॉडी लैंग्वेज को अच्छी तरह संतुलित करना।

3. ***सहयोग :*** टीम के भीतर और बाहर के सहयोगियों के साथ संबंधों को बढ़ावा देना, लोगों से सही व्यवहार करना, गठजोड़ बनाना, नेटवर्किंग, साझी-जीत का व्यवहार बनाए रखना और दूसरों के साथ घुलना-मिलना।

4. ***झगड़े का समाधान :*** टकराव होने पर दूसरों का सामना करने के तरीके का रचनात्मक विकास करना; अहिंसक तरीके से स्पष्ट और प्रत्यक्ष प्रतिक्रिया देते हुए सम्मान और सपोर्ट दिखाना।

5. ***सकारात्मक दृष्टिकोण :*** खुले दिमाग से दूसरे के नजरिए को भी महत्त्व देना, उत्साह दिखाना, नकारात्मक समस्याओं की बजाय सकारात्मक समाधानों पर ध्यान लगाना और विपरीत विचारों को आधी-आधी जीत या साझी जीत के दृष्टिकोण के साथ प्रस्तुत करना।

6. ***आत्मविश्वास :*** अपना बचाव करते हुए या डरकर घबराए बिना सही जोखिम लेने के लिए तैयार रहना और निर्णायक तथा जोरदार तरीके से कड़ा रुख अपनाना।

7. ***सम्मान देना :*** दूसरों को यह बताना कि वे भी अहसान जताए बिना या घमण्डी हुए बिना, दूसरे अलग नजरिए के लिए सच्चा सम्मान दिखा कर अपना बहुमूल्य योगदान दे सकते हैं।

8. ***रणनीतिक नेतृत्व :*** बिज़नेस को बड़े रूप में देखना, लंबे समय की संभावनाएँ, योजनाओं को लागू करने के कलात्मक तरीके और विकास के ज़रूरी पहलुओं को देखना।

9. ***प्राथमिकताएं तय करना :*** प्रभावी ढंग से समय-प्रबंधन, सही मानक स्थापित करना, दूसरों को बताना कि उनसे क्या उम्मीद की जाती है और उन्हें बहुत ज़्यादा नियंत्रित किए बिना जिम्मेदारी देना।

10. ***ऊपर की ओर संवाद :*** ऊपरी मैनेजर्स को सलाह देते रहना, उनकी प्राथमिकताओं को जानना, अपने विचार बताना, अपनी टीम के सब सदस्यों की उपलब्धियों को बढ़ावा देना।

किसी कर्मचारी को जो सिखाया गया था, एक कोच के रूप में मैनेजर उसकी समझ

का इम्तिहान ले सकता है, देख सकता है कि कैसे प्रभावी ढंग से काम किया जाता है; परिवर्तनों पर ध्यान दे सकता है; दिखा सकता है कि किसी खास ड्यूटी को सबसे अच्छी तरह कैसे संभालना है।याद रखना चाहिए की कोच कभी भी दूसरों को या खुद को परफेक्ट नहीं पाते।

प्रभावी कोचिंग एक प्रबंधक को उन सभी पहलुओं पर ध्यान केंद्रित करवाती है, जो किसी व्यक्ति के प्रदर्शन में सुधार के लिए ज़रूरी है जैसे ; नजरिए का मूल्याँकन, स्किल, जानकारी और काबिलियत, हर व्यक्ति को खास जिम्मेदारियों के लिए जवाबदेह ठहराना और सबसे बढ़कर, जहाँ श्रेय देना चाहिए, वहाँ श्रेय देना।

सर्वश्रेष्ठ कोच कर्मचारियों पर हावी न होकर उन्हे अपने सकारात्मक व्यवहार से प्रभावित करके ही सफल माने जाते हैं।प्रभावी मैनेजर जानकारी और अनुभव दर्शा कर अर्थॉरिटी बनाते हैं।अगर आपको औरों के काम का पूरा ज्ञान है तो यह अपने आप में तो प्रभावशाली है ही, साथ ही लोग आपके सुझावों या सिफारिशों पर ज्यादा ध्यान से सोचने के लिए भी प्रेरित होते हैं।अपने कोचिंग सेशन को सफल बनाने के लिए, यहाँ बताया गया है कि शुरुआत कैसे करें:

1. कर्मचारियों की बैकग्राउंड रिपोर्ट की समीक्षा करें।

    इस बात का क्या सबूत है कि :

    (1) उनकी प्रगति के होने का, या प्रगति में कमी का।

    (2) उनकी खास स्किल्स का।

    (3) उनकी नेतृत्व क्षमता का।

2. नौकरी की प्रमुख जिम्मेदारियाँ तय करें जो ज़रूरी है।

3. प्राप्त परिणामों का विश्लेषण करें।

4. ली गई ट्रेनिंग की गुणवत्ता और सीमा का मूल्याँकन करें।

    इसे कैसे काम में लिया गया है?

कोचिंग सत्र के दौरान:

1. समझाएँ कि कोचिंग का उद्देश्य उनको अपना सर्वश्रेष्ठ प्रदर्शन करने में मदद करना है।

2. इसमें शामिल चरणों, अनुक्रम और शेड्यूल का ब्यौरा दें।

3. उनसे सवाल पूछने के लिए कहें और उनका उत्तर दें।

4.   अपेक्षित परिणाम स्पष्ट करें।

उन क्षेत्रों पर चर्चा करते समय जहाँ सुधार ज़रूरी हो सकता है :

- एक वक़्त पर केवल एक या दो प्रमुख क्षेत्रों पर ध्यान केंद्रित करें।

- आत्म-आलोचना की दिशा में आगे बढ़ें। सवाल पूछें, जैसे: "आपने इस स्थिति में ऐसा क्या देखा जिसका आपने पहले सामना नहीं किया है?" या "कौन सा विकल्प बेहतर होता, और क्यों?"

- आप जितना बोलें, उससे अधिक ऑब्ज़र्व करें। इससे आप और ज्यादा जानेंगे।

आपने जो देखा और सुना है उसे हमेशा रिकॉर्ड करना सुनिश्चित करें। भविष्य के सेशन के दौरान कवर किए जाने वाले खास क्षेत्रों को इन्हें शामिल करते हुए लिख लें:

1.   पिछले परिणाम।

2.   प्राप्त किए जाने वाले उद्देश्य।

3.   लक्ष्य और ज़रूरी समय के साथ मीटिंग की अग्रिम सूचना ज़रूर दें।

इन तकनीकों का उपयोग करके निरंतर संपर्क में रहकर सर्वोत्तम परिणाम प्राप्त किए जाते हैं :

1.   प्रगति पर ध्यान दिया जाता है और उसकी सराहना की जाती है।

2.   समस्याओं को स्पष्ट रूप से परिभाषित किया जाता है।

3.   मुश्किलों की अनदेखी नहीं की जाती है।

4.   निरंतर सहायता दी जाती है।

5.   लिखित लक्ष्य के साथ सुधार का कमिटमेंट किया जाता है।

6.   खास ट्रेनिंग की ज़रूरतें पहचानी जाती है।

7.   यदि कोई प्रतिस्पर्धी स्थिति शामिल है तो लोगों को बताएँ कि वे दूसरों की तुलना में कहाँ खड़े हैं।

अच्छी तरह से प्रशिक्षित कर्मचारी अपनी नौकरियों को लेकर आमतौर पर ज्यादा अच्छा महसूस करते हैं और वे उनमें अपना सर्वश्रेष्ठ करते हैं, क्योंकि वे जानते हैं कि अथॉरिटी में कोई है जो उनके प्रदर्शन में और उनकी सफलता में गहन व्यक्तिगत रुचि रखता है।

इंक मैग्जीन की एक रिपोर्ट में ऐसी स्थिति का एक बढ़िया उदाहरण है, जहाँ लोगों ने एक दूसरे की कोचिंग की वैल्यू को स्वीकार करना सीख लिया।बॉब मेटकाफ ने श्री कॉम कॉर्पोरेशन नाम से एक कंपनी शुरू की। चूँकि, एक प्रबंधक के रूप में उसे अपनी सीमाओं का एहसास हो गया था तो उसे एक प्रोफेशनल को रखने की ज़रूरत महसूस हुई।जिन ड्यूटीज में वह ज़्यादा अच्छा नहीं था, उन का चार्ज लेने के लिए वह एक अनुभवी मैनेजर रखना चाहता था।

उन्होंने बिल क्राउस्ट को यह सोचकर काम पर रखा कि उन दोनों को इस 'साथ' से सीखने के लिए बहुत कुछ मिलेगा।मेटकाफ के पास एक एकेडमिक बैकग्राउंड था, जहाँ लक्ष्य तर्क जीतना था।क्राउस्ट एक ऐसी दुनिया से आए थे जहाँ लक्ष्य "ऑर्डर लेना था" इसलिए उन्होंने उन्हें बेचना सिखाया।

क्राउस्ट ने मेटकाफ को प्लानिंग का महत्व सिखाया, बताया कि भावनात्मक मुद्दों को हल कैसे किया जाए और कठोर स्थितियों से कैसे बचा जाए, लेकिन यहाँ एक हाथ से ताली नहीं बजी थी।मेटकाफ ने क्राउस्ट को सिखाया कि एक बेहतर सार्वजनिक वक्ता कैसे बनें, मामूली बातों से कैसे बचें, सिद्धांतों और अखंडता का मूल्य क्या होता है।उन्होंने उसे असफल होने पर भी लोगों को जोखिम उठाने के पर्याप्त अवसर देना सिखाया और इसके अलावा माहौल को हल्का करना भी सीखा।इतना ही नहीं खुद पर हंसना और विपरीत स्थितियों में हंसी ढूंढना सीखा।कई मुद्दों पर वे नहीं माने, लेकिन साथ काम करने से दोनों मज़बूत हुए और कंपनी भी।

कोचिंग के लाभ ऑर्गनाइजेशन के सभी स्तरों पर उपलब्ध हैं।

9

बर्नआउट और स्ट्रेस
पर विजय

परेशानी को जीवन का एक अनिवार्य हिस्सा माने और जब वह
आए, तो अपना सिर ऊँचा करके और सीधे आंखों में देखकर कहें
कि मैं तुमसे ज्यादा बड़ा हूँ ।
तुम मुझे हरा नहीं सकती ।

– एन लैंडर्स

सभी नौकरियों में स्ट्रेस का अपना हिस्सा होता है।अगर ऐसा नहीं हो तो वे जल्दी बोरिंग हो जाती हैं, लेकिन जब समस्याएँ आती है तो स्ट्रेस संकट बन जाता है। हमारे व्यवहार के बदले हुए तरीके में तनाव दिख सकता है।जो लोग हमेशा से धैर्यवान रहे हो, वे अधीर हो जाते हैं। शांत लोग चिड़चिड़े हो सकते हैं। जो कर्मचारी पहले हमेशा सहयोगी थे, विद्रोही हो सकते हैं।कुछ लोग ऐसे शारीरिक लक्षण दिखा सकते हैं या शिकायत कर सकते हैं कि उन्हे नींद आने में या रातभर सोने में परेशानी होती है।

वे अक्सर हर समय थके-थके रहते हैं – चाहे उन्हें कितना ही अच्छा आराम मिले।उन्हें पेट में दर्द, दिल की धड़कन तेज़ होना या बार-बार सिरदर्द की शिकायत हो सकती है।

आराम करने से शारीरिक थकान दूर हो सकती है, लेकिन कुछ लोग काम पर मानसिक थकावट अधिक महसूस कर सकते हैं।उदाहरण के लिए, अगर वे कंप्यूटर पर काम करते हैं तो उन्हें याद दिलाएँ कि शारीरिक व्यायाम उनकी मदद कर सकता है। सुझाव दें कि वे लंच टाइम पर वॉक, स्वीमिंग या जॉगिंग के लिए जाएँ या काम के बाद

किसी खेल में भाग लें।कई कंपनियों के पास अब एक्सरसाइज रूम हैं, जिनमें कर्मचारी अपने दोपहर के भोजन के दौरान स्टेशनरी बाइक या वज़न मशीन का उपयोग कर सकते हैं।जिनकी दिनचर्या नियमित होती है, उनको मानसिक थकान होने की संभावना कम है।

> आप जीवन में अपने अनुकूल स्थितियाँ नहीं बना सकते,
> लेकिन आप व्यवहार को इतना अनुकूलित कर सकते हैं
> कि जब वह स्थितियाँ आए तो आप उनके साथ
> सामंजस्य बिठा पाए ।
>
> – जिग जिगलर

बर्नआउट

लोग लाइट का बल्ब नहीं हैं।लाइट बल्ब तेजी से चमकता है, फिर अचानक फुस्स हो जाता है! लेकिन लोग धीरे-धीरे और अक्सर बिना लक्षण के बर्नआउट होते हैं। हालांकि कई बार बर्नआउट का परिणाम शारीरिक ब्रेक डाउन जैसे दिल का दौरा या अल्सर के रूप में मिलता है, मगर ज्यादातर परिणाम मनोवैज्ञानिक ही होते हैं और यह कई तरह से दिखाई देते हैं।लोग उत्साह, ऊर्जा और प्रेरणा खो देते हैं।वे अपने काम से नफरत करने लगते हैं, सहकर्मियों को सहन नहीं कर पाते, टीम लीडर पर भरोसा नहीं कर सकते और हर सुबह काम पर आने से डरने लगते हैं।

बर्नआउट बहुत अधिक तनाव का परिणाम होता है, लेकिन यह इसका एकमात्र कारण नहीं है।इसमें दूसरे कारण भी शामिल हैं: वादे पूरे न होने पर या पास किए जा रहे अपेक्षित पदोन्नति या वेतन वृद्धि को लेकर हताशा।कुछ प्रबंधक निर्णय लेने के दबाव की वजह से बर्नआउट हो जाते है, जिससे भीषण समस्याएँ पैदा हो सकती है।कुछ लोग बहुत ज़्यादा समय तक काम करने या बेकार या बिना फायदे वाले काम करने से भी उदासीन पड़ सकते हैं।सकारात्मक नजरिए वाले लोग इन समस्याओं से बचने के लिए बेहतर उम्मीदवार हैं।

बर्नआउट की पहचान करना, इसके इलाज की तुलना में आसान है।दृढ़ता में कमी, सुस्ती झलकना, साधारण स्तर को स्वीकार कर लेना, गिरती प्रोडक्टिविटी और रिश्तों में खटास, इसके स्पष्ट संकेतो में शामिल है।ये सुझाव आपको उदासी की तरफ फिसलने से रोकने के लिए ब्रेक लगाने में मदद करेंगे।

अपने तनाव का स्तर जाँचे

इस क्विज में हिस्सा लेकर देखें कि आपके तनाव की समस्या गंभीर होने के कितने करीब हैं।

हर प्रश्न के सामने वाले बॉक्स में अत्यधिक पॉजिटिविटी के लिए "SA"; पॉजिटिविटी के लिए "A"; नेगेटिविटी के लिए "N" और अत्यधिक नेगेटिविटी के लिए "NA" का निशान लगाएँ।

1. _________क्या आप दिन भर थके रहते हैं?

2. _________ क्या आप बिज़नेस मीटिंग्स में पहले की तुलना में कम बोलते हैं?

3. _________क्या आप चीजों को बार-बार और ज्यादा भूल रहे हैं?

4. _________क्या आप रात में अच्छी नींद लेने के बाद भी थके हुए रहते हैं?

5. _________क्या आपको अपना दिमाग हमेशा दौड़ता हुआ लगता है?

6. _________क्या आप शुरुआत करने के बाद हमेशा दिन के अंत खुद को सबसे पीछे ही महसूस होते हैं?

7. _________ क्या आप दूसरों के प्रति कम धैर्यवान हैं?

8. _________ क्या आप अपने शौक को कम समय देते हैं?

9. _________ क्या आपको उपलब्धियों से ख़ुशी नहीं मिलती?

10. _________क्या आप सुबह से शाम तक लगातार फुल स्पीड में काम ही करते हैं?

यदि उत्तर " पूरी तरह सकारात्मक " है तो स्वयं को दस अंक दें । हर "सकारात्मक," उत्तर के लिए सात अंक; प्रत्येक "नेगेटिव" के लिए तीन अंक और " पूरी तरह नेगेटिव " के लिए कोई अंक नहीं।

मूल्यांकन: शून्य से 15 अंक इंगित करते हैं कि आप पूरी तरह निष्क्रिय है या आप का स्वयं कर पूरा नियंत्रण है, 16 से 50 तक अंक दर्शाता है की आप अप्रत्याशित रूप से बर्नआउट से पीड़ित है. 51 से 80 में आप बर्नआउट से पीड़ित होने की कगार पर है, यानी बर्नआउट आपके बहुत नजदीक हो सकता है।86 से 100 अंक होने का मतलब है कि आप तनाव के चलते फिरते बम हैं।

स्ट्रेस से कैसे बचें

जब काम पर तनाव अधिक हो तो इससे निबटने को लेकर कदम उठाए जाने चाहिए। कुछ चिकित्सक ट्रैंक्विलाइज़र और अन्य दवाईयों का सुझाव देते हैं, लेकिन आप अपने तनाव से खुद निबट सकते हैं यदि आप :

- हमेशा अपने हौंसले बुलंद रखें। अपनी डाइट का ध्यान रखें और नियमित व्यायाम कार्यक्रम में शामिल रहें।

- आराम करना सीखें। नियमित विश्राम के व्यायाम में भाग लें। अकेले में थोड़ा समय बिताना सुनिश्चित करें।

- अपना सम्मान करना सीखें। ऊँचे आत्मसम्मान वाले लोगों की दूसरों के दबाव से प्रभावित होने की संभावना कम होती है।

- हर समय सबको खुश करने की कोशिश न करे, क्योंकि ऐसा करना संभव नहीं है।

- सीखते रहें। चलते रहना सीखने का अनुभव आपको सतर्क, खुले विचारों वाला और उत्साहित रखता है।

- सहयोगी टीम बनाएँ। जब कुछ गलत हो रहा हो तो अपने परिवार के सदस्यों और दोस्तों की मदद से ज़्यादा तनाव से बचें।

- केवल उन्हीं कमिटमेंट्स को स्वीकार करें जो आपके लिए ज़रूरी हो। बाकी प्रोजेक्ट्स जो आपका वक्त और ऊर्जा बर्बाद करते हैं, उन्हे शालीन अंदाज में मना कर दें।

- अपनी रचनात्मकता का उपयोग करने के नए तरीके खोजें। अपने रूटीन के काम करने के तरीकों पर फिर से सोच-विचार कर और नए कामो के लिए रचनात्मक दृष्टिकोण से संभाल कर आप उन्हें कम तनावपूर्ण बना सकते हैं।

- नए बदलावों का स्वागत करें। बदलावों को 'डर' की बजाय नई चुनौतियों के रूप में देखें।

- अपने दिमाग में बनी नकारात्मक छवियों को सकारात्मक में बदलें। यह बात प्रमाणित है कि सकारात्मक सोच से शक्ति मिलती है।

- यदि आपका शौक या खाली समय की कोई गतिविधि आपको और भी ज़्यादा तनावग्रस्त करती है (जैसे प्रतिस्पर्धी खेल या टूर्नामेंट ब्रिज) तो उसे

छोड़ दें।उसकी जगह कुछ ऐसा करें जो आपको वास्तव में आराम दे।

- अपने आप को जीवन जीने की इजाजत दें। परिवार और दोस्तों के साथ गतिविधियों का आनंद लें।जब आप अपने काम के बारे में नहीं सोच रहे हों तो अपराधबोध महसूस न करें।

सही व्यवहार अपनाने से नकारात्मक तनाव सकारात्मक

तनाव में बदल सकता है ।

– हैंस स्लीये

बर्नआउट से निबटना

बर्नआउट से निकलने के लिए इन बुनियादी मुद्दों पर ईमानदारी से परीक्षण की ज़रूरत है :

- अलग-अलग लक्ष्य होना।आपकी फर्म और आपके हित मेल नहीं खाते हैं। आप अलग-अलग दिशाओं में जा रहे हैं। आपको लग सकता हैं कि प्रोफेशनल ग्रोथ और ऊँचाई की ओर बढ़ने के लिए अवसर बहुत सीमित है।

- उबाऊ और बिना चुनौती के काम।बहुत ज्यादा रूटीन वर्क और कुछ नया करने के बहुत कम अवसर है।

- उत्तरदायित्व और प्रभाव की कमी है।नई अर्थॉरिटी में चुनौतियाँ या बढ़ोतरी न के बराबर हैं।

- व्यक्तिगत उद्देश्यों में बदलाव।पारिवारिक ज़रूरतें आपके कैरियर के विचारों को ताक पर रख सकती हैं और स्वास्थ्य समस्याएँ परेशानियाँ खड़ी कर सकती हैं।

- नई शैक्षिक या तकनीकी आवश्यकताएँ।जब तक इन्हें पूरा करने के लिए पहले से नहीं बताया गया हो या समय न दिया किया गया हो तो इनकी वजह से एक अच्छा अचीवर भी जोखिम में पड़ सकता हैं।

- अधिकतम कोशिश का रिजल्ट कम पहचान होती हो।जब आप आमतौर पर कठिन काम करने के लिए चुने जाते हैं, लेकिन प्रशंसा, मुआवजा और पदोन्नति बहुत कम मिले।ये कदम उठाएँ:

1. जो कुछ हुआ है, उसे लिखें;

2. अपने व्यक्तिगत उद्देश्यों की जाँच करें;

3. आपको तवज्जो क्यों नहीं दी जा रही हैं, इस पर चर्चा करने के लिए एक मीटिंग रखने के लिए कहें।यह आपकी ग्रोथ के लिए एक महत्त्वपूर्ण कदम हो सकता है, लेकिन ऐसा नहीं होगा कि आप इस कदम को उठाने के लिए किसी और का इंतज़ार करें।

लोग तनाव पर अलग तरह से प्रतिक्रिया करते हैं, क्योंकि यह जैसे कुछ लोगों पर असर करता है, वैसे औरों पर नहीं कर करता।ये चार दृष्टिकोण आपको महत्त्वपूर्ण लाभ पहुँचा सकते हैं :

ब्रेक लें : जब चार्ली अनुचित दबाव महसूस करता है, वह थोड़ी देर के लिए खुद को मौके से हटाने की कोशिश करता है।वह अपनी मेज से उठता है, अपना कोट पहनता है और बिल्डिंग से बाहर चला जाता है। थोड़ी देर ब्लॉक के आसपास या दस मिनट के लिए पार्किंग लॉट में टहलता है।जो उसके दृष्टिकोण में फिर से नयापन लाता है।

- ईस्थेर अपने शहर के डाउनटाउन सेक्शन में काम करती है।जब वह तनाव महसूस करती है, तो वह भी काम छोड़ देती है और पास के मॉल में जाकर विंडो शॉपिंग करके खुद को अच्छा महसूस करती है।

- स्टैन का बॉस काम के दौरान लोगों को बिल्डिंग से जाने की मंज़ूरी नहीं देता।इसलिए जब वह तनावग्रस्त होता है तो वह दूसरे डिपार्टमेंट में जाकर अपने करने के लिए कोई और काम ढूंढता है।इस तरह तनाव की जगह से खुद को हटा लेना, उसके दिमाग को फिर से फोकस करने का मौका देता है।आसपास के नजारे में बदलाव तनाव को कम करने में मदद करता है।

व्यायाम: यदि आप बीस और लोगों के साथ एक कमरे में काम करते हैं तो कमरे के बीचोंबीच जंपिंग जैक न करें, लेकिन कई एक्सरसाइज हैं जो दूसरों को तंग नहीं करती।साँस लेने के व्यायाम करना आसान है और दूसरे भी इससे परेशान नहीं होते। अपनी नाक से गहरी सांस लें और हवा को धीरे-धीरे अपने मुंह से बाहर निकाल दें। ऐसा कई बार करें।आप नोटिस करेंगे कि आपका पूरा शरीर कैसे प्रतिक्रिया करता है और आप रिलेक्स होना शुरू कर देता है।

टेड की कंपनी में एक अच्छी तरह से सुसज्जित जिम है।जब वह दबाव महसूस करता है तो वह वहाँ चला जाता है, स्टेशनरी बाइक पर बैठता है और पाँच या दस

मिनट के लिए पंप करता है - यह पसीना बहाने के लिए तो पर्याप्त नहीं है, लेकिन उसके तनाव को दूर करने के लिए काफी है।

गति बदलना : ज्यादातर नौकरियों में लोगों के पास कई प्रोजेक्ट होते हैं या उन प्रोजेक्ट्स के कई चरण होते है, जिन पर वे किसी एक समय में काम कर रहे होते हैं।यदि चल रही गतिविधि में आप पर दबाव बहुत अधिक हो जाए, तो थोड़ी देर के लिए दूसरी गतिविधि में खुद को लगा लें। हेदर अपनों डेडलाइन को पूरा करने को लेकर इतनी चिंतित थी कि वह काम पर अपना ध्यान केंद्रित नहीं कर पा रही थी।उसने खुद को मूर्खतापूर्ण गलतियाँ करते हुए और खराब निर्णय लेते हुए पाया इसलिए उसने प्रोजेक्ट को एक तरफ रख दिया और आधे घंटे के लिए कोई और काम करने लगी। जब वह अपनी प्राथमिकता वाले काम पर वापस आई तो उसका दिमाग बिल्कुल साफ और शांत हो चूका था।पहले जो चीजें छुट गई थी वह भी अब साफ-साफ दिखाई दे रहीं थी, वे अब पूरी तरह फोकस में आ गई थीं और उसने न केवल अपनी डेडलाइन में काम को पूरा किया, बल्कि बहुत अच्छा काम भी किया।

किसी दोस्त से बात करें : पीटर अपने को तनाव से राहत देने का सबसे अच्छा तरीका एक टेलीफोन ब्रेक लेने के रूप में ढूंढता है।वह समस्या पर बात करने के लिए किसी अच्छे दोस्त को फोन करता है।हालांकि वह अपने दोस्त से यह उम्मीद नहीं करता कि वह इसे हल कर देगा पर जो उसके दिमाग में है उस पर किसी दूसरे से बात कर लेना पिक्चर क्लीयर करने में उसकी मदद करता है।इसके साथ ही, कभी-कभी कुछ मिनटों की चिट-चैट तनाव को कम कर सकती है।

कई अन्य तनाव-निवारक उपाय भी बढ़िया हो सकते हैं।एक आदमी ने बताया कि जब वह तनाव में होता है, तो वह अपनी कार में चला जाता है, खिड़कियाँ बंद कर देता है और जोर से चिल्लाता है।एक महिला, सौभाग्य से जिसका एक निजी कार्यालय है, उसने स्वीकार किया कि कुछ मिनट योग करने से उसे अपने तनाव में राहत मिलती है।इसी तरह कुछ को मेडिटेशन या प्रार्थना से मदद मिलती है।

> क्रोध को पाले रखना, गर्म कोयले को किसी और पर
> फेंकने के इरादे से पकडे रहने के समान है - पर पहले
> उससे आप खुद ही जलते हैं ।
>
> – बुद्ध

बर्नआउट से निबटने में मैनेजर्स बर्नआउट से जूझते स्टाफ मेम्बर को इन तरीकों से मदद कर सकते हैं :

- सपोर्टिव बनें।चिंताओं पर चर्चा में ईमानदारी से रुचि दिखाते हुए प्रोत्साहित करें और उनको सुधार में मदद करें।

- काम के तरीके बदलने पर विचार करें । अलग गतिविधियों और जिम्मेदारियाँ सौंपने या दूसरी टीम को स्थानांतरित कर देने से माहौल बदल सकता है और फिर से शुरुआत के लिए नए रास्ते खुल सकते हैं।

- नई स्किल हासिल करने के अवसर प्रदान करें।इससे न केवल सीखने पर ध्यान केंद्रित करने में मदद मिलती है, बल्कि यह कंपनी की वैल्यू भी बढ़ा सकता है।

- आपके कोशिशों के बावजूद यदि कोई प्रगति नहीं होती है तो दृढ़ता से प्रोफेशनल काउंसलिंग के लिए सुझाव दें।

अपने व्यवहार को जानना पर्याप्त नहीं है।वह तो अपने दृष्टिकोण को बदलने के लिए कदम उठाने का इशारा मात्र हैं।इस किताब में दी गई जानकारी की समीक्षा करके और इसे अपना कर, आप तनाव और बर्नआउट के प्रति अपनी संवेदनशीलता को कम कर सकते हैं।अपनी नकारात्मक सोच को सकारात्मक क्रियाओं में बदल कर आप अपना जीवन बदल सकते हैं।यह आसान नहीं है, लेकिन यह कोशिश करने लायक है।

जब दूसरे अशांत हो तो आप शांत रहें,
इससे आपको दो लाभ मिलेंगे ।
यह आपकी स्थिति को दृढ़ करेगा और आपके साथियों को आपके
आत्मनियंत्रण से प्रभावित भी करेगा ।

10

सकारात्मक दृष्टिकोण -
सफलता की कुंजी

"उन लोगों के काम सबसे अच्छी तरह होते हैं,
जिनके काम करने के तरीके सबसे अच्छे होते हैं।"

– जॉन वुडन

अगर आप अपनी जिंदगी और नौकरी के प्रति अपने दृष्टिकोण की समीक्षा करें तो आपको महसूस होगा कि एक सकारात्मक सोच न केवल आपकी सफलता को प्रभावित करता है, बल्कि यह बर्नआउट से बचने और अपनी स्किल्स को अप-टू-डेट रखने का एक शक्तिशाली फैक्टर भी है। सकारात्मक नज़रिया सफलता के लिए सही माहौल बनाता है और संभावित विजेताओं को वास्तव में जीतने के लिए के लिए मंच तैयार करता है।

दृष्टिकोण ही सफलता का संकेत देता है। जो कुछ भी हमारे पास है, अगर हम सच में उसकी सराहना करें और जो हमारे पास नहीं है, उसके कारण हम खुद को उदास नहीं होने दें तो हम सफल हैं।

सीधे शब्दों में कहें तो चाहे आप किसी समिति में सेवा करें या किसी मल्टीनेशनल कॉर्पोरेशन में किसी बड़ी पोजीशन की तलाश में हों, सही नज़रिया हमेशा सफल होने की ललक प्रदान करता है। यह बिज़नेस में सफलता पाने की चाह हो सकती है, मानव जाति की सेवा करने का कोई पेशा या किसी कला के माध्यम से जीवन की सुंदरता में कुछ और जोड़ना हो सकता है।

यह सफलता की कुंजी आपकी खुद की शक्ति के अधीन खास लक्ष्यों की दिशा

103

में लगातार काम कर रही है।जब ज़रूरत पड़े, तब आप साबित करते हैं कि आप किसी और पर नहीं, बल्कि खुद पर भरोसा कर सकते हैं।सफलता का अर्थ है जो ठीक है उससे आगे उत्तम की ओर बढ़ना।यह शायद ही कभी आसानी से आता है।

उत्कृष्टता आमतौर पर एक लंबी, कठिन सीख का परिणाम है।आपकी मेहनत अपने लक्ष्यों को प्राप्त कर पाए, इसके अवसरों को बढ़ाने के लिए ये विशेषताएँ आवश्यक हैं :

1. **आत्मसम्मान।** जब तक आप स्वयं को कीमती, योग्य और सक्षम इंसान नहीं मानते, तब तक बहुत कम ही संभावना है कि आप मौजूद स्थितियों और अवसरों को बदल या नियंत्रित कर पाएँगे।

2. **उत्तरदायित्व।** आपके जीवन में जो कुछ होता है, इसके लिए आप खुद को कड़ाई से जवाबदेह ठहराएँ। आप स्वेच्छा से उन घटनाओं के लिए पूरी जिम्मेदारी लें, जिनका परिणाम सफलता या असफलता के रूप में मिलता है।

3. **आशावादिता।** जो लोग सफल हैं वे अच्छी तरह समझते हैं कि उनकी क्षमताओं के दायरे से परे भी परिस्थितियाँ होती हैं, लेकिन वे हार की उम्मीद नहीं करते।वे अपने बारे में अच्छा ही महसूस करते हैं और वर्तमान में प्रोडक्टिव काम करते हुए भविष्य में विश्वास रखते हैं।

4. **लगातार प्रगति।** सफलता को कदम दर कदम मापा जाता है। सफलता चाहने वाला व्यक्ति अपने लक्ष्यों को हमेशा खुद से आगे रखता है।उनके लक्ष्य न केवल प्रगति को मापते हैं, बल्कि भविष्य का वातावरण बनाने को प्रेरित करने और निर्देशित करने का काम भी करते हैं।

5. **कल्पना।** कल्पना के बिना आप कुछ रोमांचक अनुभव करने, नए और लाभदायक के सच में होने से पहले, इस बात की कल्पना नहीं कर सकते कि उसका साकार होना कैसा होगा। कामयाब लोग अपनी कल्पनाओं का लगातार व रचनात्मक तरीके से प्रयोग करते हैं और संभावनाओं की रोशनी में अपने आइडियाज का टेस्ट करते हैं।

6. **जागरूकता।** वे सफल इसलिए होते हैं, क्योंकि वे जिज्ञासु होते हैं।उनकी आंखें हमेशा नए अवसरों के लिए खुली रहती हैं।

7. **रचनात्मकता।** उन्हें अलग समस्याओं, स्थितियों और अवसरों को अलग तरह से देखने की आदत होती है, वे निरंतर पूछते रहते हैं, "ऐसा क्यों है? क्या चीज़ इन्हें अलग बनाती है? ऐसा कब हुआ? परिवर्तन या नई दिशा से

सबसे ज़्यादा लाभ किसे होगा?"

हमेशा ध्यान रखें कि सफलता के लिए आपका अपना संकल्प
किसी भी और चीज से ज्यादा महत्त्वपूर्ण है ।

– अब्राहम लिंकन

सफल लीडर्स के लिए मानदंड

असफलता से बचना और सफलता पाना, दोनों एक समान नहीं है।ली इयाकोका ऐसे ही लीडर का जीता जागत उदाहरण है।जब उन्होने क्रिसलर मोटर्स के प्रमुख के रूप में काम संभाला था तो उस समय उनके सकारात्मक व्यवहार ने उन्हें असफलता का जोखिम उठाने के काबिल बनाया।इंटरव्यू में चर्चा के दौरान, यहाँ तक कि अपनी कंपनी के लिए टेलीविजन विज्ञापनों में भी इयाकोका के लक्ष्य को लेकर मज़बूती और जीतने के लिए दृढ़ संकल्प की झलक मिली। वह "चलो, यह जैसा है, इसे वैसे ही बताते हैं और इसके साथ काम आगे बढ़ाते हैं।" वाली नीति टाइप के एक्जीक्यूटिव है।उन्होंने जिन पुरुष और महिला कर्मचारियों को क्रिसलर की शीर्ष पोस्ट के लिए हायर किया था, उन लोगों में भी बिल्कुल वही गुण थे।जो सबसे काबिल और सर्वश्रेष्ठ निकलते, इयाकोका के निर्भीक और दिलचस्प राय में उनका बखान इस प्रकार से किया जाता है।

- **जोखिम लेने वाले आजाद ख्याल :** वे बेफिक्र किस्म के, दांव लगाकर जोखिम उठाने वाले लोग होते हैं, जो अगर ज़रूरत पड़े तो अपनी नौकरी दांव पर लगा देंगे और किसी नए, अनजाँचे, लेकिन महत्त्वपूर्ण प्रोजेक्ट को हाथ में ले लेंगे।

- **नियंत्रित वर्कहॉलिक्स :** वर्कहॉलिक्स यानि काम में डूबे रहने वाले इन लोगों के लिए अपने रूटीन के आठ घंटे काम करना तो अपवाद ही हैं। वे अपने काम को इतना रोमांचक और चुनौतीपूर्ण पाते हैं, कि काम का असली समय उनके लिए कभ बाधा नहीं बनता।इनके लिए उपलब्धि ही वह इनाम है, जो उन्हें सबसे ज़्यादा संतुष्ट करता है।

- **ईमानदार संवादक :** वे सहस से कहते हैं, यहाँ तक कि उनके साफ़-साफ़ बोलने का खतरा भी रहता है।वे जो करने के लिए प्रतिबद्ध हैं, उसे करने के तरीके इस तरह से बताते हैं कि उनके सुनने वाले एक्शन लेने के लिए उत्साहित हो जाते हैं। वे ऐसा माहौल बनाते हैं, जिसमें दोनों तरफा बातचीत को प्रोत्साहित किया जाता है।वे बिल्कुल स्पष्ट विचार व्यक्त

करते हैं और तथ्यात्मक फीडबैक को मानते हैं।

- **निडर होकर जिम्मेदारी देने वाले :** उन्हें दूसरों को महत्त्वपूर्ण काम सौंपने में कोई डर नहीं लगता।टीम मेम्बर्स अपने दम पर सफल होने या असफल होने के मौके पाते हैं।वे उदाहरण के द्वारा लोगों को प्रेरित करते हैं, ताकि वे अपना सर्वश्रेष्ठ करने के लिए प्रोत्साहित हो।

- **व्यावहारिक प्लानर्स :** ऐसे लोग महत्त्वपूर्ण काम को टुकड़ों में संभालने की कोशिश करने के बजाय उसे एक साथ पूरा होते देखने की दूरदर्शिता रखते हैं।वे आगे सोचने, प्राथमिकताएँ तय करने और प्रगति को जितना हो सके, सटीक मापने के लिए खुद को मजबूर करते हैं।

- **अटल बुद्धि वाले निर्णयकर्ता :** अगर उनका कोई मनपसंद काम या प्रोग्राम अब बहुत ज़रूरी नहीं रहा तो वे उसे छोड़ देने में भी संकोच नहीं करते।जैसे पुराने कर्मचारी जो अब उतने प्रभावी नहीं रहे, भले ही यह कितना तकलिफ़देह क्यों न हो वह उन्हें रिटायर कर देते हैं ।

- **कॉमन सेंस वाले ड्रीमर :** सपने देखने वालों यानि ड्रीमर्स को तभी बरदाश किया जाता है, अगर वे सही समय के अंदर ठोस रिजल्ट ले कर आएँ। रिजल्ट नापने के लिए प्रदर्शन का उपयोग किया जाता है, एक्स्पेक्टेशंस का नहीं।

- **त्याग करने वाले :** उनसे जितना अपेक्षित होता है, वे उससे ज़्यादा काम करके देते हैं। जब वे एक्साइटेड होते हैं तो वे दूसरों में भी एक्साइटमेंट पैदा करते हैं और अपने काम के लिए तत्पर होते हैं।वे सहयोग और बातचीत करते हैं, लेकिन दूसरों को आगे नहीं बढ़ाते हैं।उनकी ऊर्जा का आउटपुट संचालित और नियंत्रित है।अगर उन्हें एक बार पता लग जाए कि वे सही रास्ते पर हैं तो चाहे उनके पास प्रोत्साहन की कमी हो, इसके बावजूद भी उनमें चलते रहने की इच्छाशक्ति होती है।

विजेताओं के गुण

विजेता अपने रिश्तों में चार महत्त्वपूर्ण सिद्धांतों के महत्व को पहचानते हैं:

पहला यह है कि हर किसी को किसी न किसी तरह से प्रेरित किया जा सकता है। अगर हम इस धारणा को मान लें कि इस व्यक्ति या उस व्यक्ति को बस कभी मोटिवेट किया ही नहीं जा सकता तो वे मोटिवेट होंगे ही नहीं।इस का मतलब है कि प्रबंधकों को यह पता लगाना चाहिए कि संबंधो में तुरंत मोटिवेशन लाने वाले उपाय

कौन से है।

दूसरा यह है कि लोग अपने कारणों के लिए काम करते हैं, आपके लिए नहीं। आपके पास चुनौती उनके कारणों को खोजने की है, ताकि उन कारणों की वजह से उन्हें काम पर लगाया जा सके। तभी आप उनकी समस्याएँ सामने रख सकते हैं और उनकी चिंताओं पर ज़रूरी टास्क की तरह ध्यान देना सुनिश्चित कर सकते हैं।

तीसरा मज़बूती का पर ज्यादा जोर देना कमज़ोरी बन सकता है। मैं इस उदाहरण को कभी नहीं भूलूँगा :

मेरे मुवक्किल, कार्ल एडम्स, एक ऑर्गनाइजेशन के अध्यक्ष थे। वह शीघ्रता में इतना विश्वास रखते थे कि वे हमेशा नियत समय से बहुत पहले पहुँचते। उनका मानना था कि जो लोग उनकी तरह जल्दबाज़ थे, वही बहुमूल्य योगदान देने के लिए सबसे ज़्यादा संकल्पबद्ध थे। वे इस हद तक पहुँच गए कि अगर कभी कोई कर्मचारी मिटिंग में समय से पहले पहुँच जाता था तो एडम्स को उसका योगदान बड़ा महत्त्वपूर्ण लगता। हालाँकि इसका काम की कीमत से कोई लेना-देना नहीं था, बल्कि पूरी तरह से समय को लेकर उनकी सनक पर आधारित था।

शीघ्रता एक अच्छा गुण है, लेकिन अगर आप इसे इतना आगे तक ले जाएँ कि यह लोगों के कहने वाले मुद्दों पर हावी हो जाए तो आप कुछ गंभीर गलतियाँ करने जा रहे हैं।

चौथा यह है कि आप लोगों को मोटीवेट नहीं करते, बल्कि आप ऐसा वातावरण बनाते हैं जिसमें वे सेल्फ-मोटीवेटिड होंगे। यह सभी लीडर्स के लिए चुनौती है। अगर आप रोज़ाना लोगों को ललचाने के लिए हरा, ताजा चारा ढूंढेंगे तो आपके पास जल्द ही चारा कम पड़ जाएगा। अगर लोग बिना आपके सीधे सुपरविजन के आपके साथ चल रहे है तो उन्हें लगातार निर्देश दिए बिना कि उन्हें क्या करना है, वे खुद से कार्रवाई करने के लिए प्रोत्साहित किए जाने चाहिए।

उत्साह संक्रामक है

उत्साह एक सकारात्मक सोच का सबसे साफ और प्रत्यक्ष दिखने वाला सबूत है।

लॉस एंजिल्स डॉजर्स के लंबे समय तक रहे प्रबंधक और पेशेवर खेलों के सबसे जोशीले लोगों में से एक टॉमी लसोर्डा को यकीन है कि उनकी सोच संक्रामक है। वह कहते हैं कि "अगर मैं क्लब हाउस में निराश, उदास और थका हुआ आता हूँ और खिलाड़ी मुझे इस तरह देखते हो, तो उनका व्यवहार और माहौल क्या होगा? अगर मैं पूरे उत्साह और आत्मविश्वास से भरा हुआ, गर्व से वह यूनीफॉर्म पहनकर चलूँ

तो वे सभी चीजें भी जोश फैलाने के लिए संक्रामक का काम करती हैं।उस टीम का व्यवहार भी ठीक ऐसा ही होगा।" अधिकारियों या दूसरे लीडर्स पर भी यही बात लागू होती है।यदि वे ऑफिस या फैक्ट्री में मूड खराब के साथ आते हैं तो वहाँ भी निराशा जल्दी फैलती है।दूसरी ओर, यदि वे उत्साह, आशा और विश्वास से भरे हुए चलते हैं तो वहाँ सबके लिए भी सकारात्मक दृष्टिकोण ही चारों ओर फैलेगा।

नजरिए और वफादारी के बीच संबंधों और उन्हे जिंदा कैसे रखना है, इस पर भी लसोर्डा के कुछ निश्चित विचार हैं।उनका मानना है कि, "वफादारी का मतलब है कि जो आपको दिया जाता है, आप उसके बदले में क्या देते हैं।इस तरह आपको अच्छा प्रदर्शन मिलता है और इसी तरह आप जीतते हैं, यदि आप अपने काम से प्यार करते हैं, तो आप इस पर गर्व करेंगे।" फिर वह पूछते हैं कि, "ऐसे कितने लोग इस महान राष्ट्र की सड़कों पर चल रहे हैं जो ईमानदारी और सच्चाई से कह सकते हैं कि वे मरने के बाद भी अपने ऑर्गनाइजेशंस के लिए काम करना पसंद करेंगे।"

आप अपने विश्वास जितने ही युवा है,

और अपनी शंकाओं जितने ही बूढ़े ।

आप उतने ही युवा है, जितना आपका आत्मविश्वास,

और आप उतने ही बूढ़े है, जितना आपका डर ।

आप अपनी आशा जितने युवा,

और अपनी निराशा जितने बूढ़े है ।

साल गुजरने से त्वचा पर सलवटें पड़ सकती हैं,

लेकिन उत्साह छोड़ने से आत्मा पर झुर्रियाँ

पड़ जाती है ।

– सैमुअल उलमैन

प्रभावी नेता समझते हैं कि नजरिया किस तरह सोच को प्रभावित करता है और वे उस ज्ञान का उपयोग ऑर्गनाइजेशन को आगे ले जाने के लिए करते हैं।सार यह है कि उन तरीकों से काम किए जाए जो पारस्परिक रूप से लाभदायक हो :

- जब आप लोगों को सफल होने में मदद करते हैं, तो उनमें से अधिकतर आपकी मदद करने के भी इच्छुक होंगे।इसी तरह यदि आप दूसरों की राह में रुकावटें खड़ी करते हैं, तो वे जब भी कर सकेंगे, ऐसी ही करेंगे।

- यदि आप सम्मान अर्जित करते हैं, तो आपके पास समस्याएँ और दुश्मनी कम होंगी।

- अपमानजनक काम या व्यवहार लगभग हमेशा कर्म के अनुसार फल के सिद्धांत पर काम करता है और फल भी जीतना हो सके, सबसे खराब समय पर भुगतना पड़ता है।

- उन लोगों का पक्ष लें जो सबसे बढ़िया परिणाम पाते हों, ना कि उनका जो हमेशा वही कहते हैं जो आप सुनना चाहते हैं, यानि चापलूस लोगों का पक्ष न लें।

- लोकप्रिय होने की उम्मीद न करें। सम्मान की तलाश करें, कृतज्ञता की नहीं।

- कमिटमेंट्स को पूरा करें, अधिक वादे न करें और लक्ष्य-निर्धारण में भागीदारी निभाएँ।

सफलता के खतरे

'जीवन में दो चीजों-असफलता और सफलता को संभालना सबसे मुश्किल काम है। जिसने भी कहा है, वह बहुत बुद्धिमान था।इसीलिए असली विजेता हमेशा अगली चुनौती की ओर मुड़ते हैं।सीखना है और कैसे सीखना है और फिर और सीखना है, यही असली मूलमंत्र है।समस्या तब पैदा होती है जब लोग मान लेते हैं कि सफलता तो मिलकर रहेगी। एक सकारात्मक सोच विश्वास को सपोर्ट करता है, जिससे अगर परिस्थितियाँ आपके निचंत्रण से बाहर भी हो तो आप उन्हे अनुकूलित करने और जीतने में सक्षम होंगे।

कुछ ऐसे पैटर्न हैं जो बताते हैं कि कुछ लोग दूसरों की तुलना में ज़्यादा और लगातार क्यों हारते जाते हैं।कुछ लोग ऐसे होते हैं कि जब अवसर दस्तक देता है तो ये अच्छे शगुन की तलाश में भटक रहे होते हैं।वे अवसर को देखकर उसे नहीं पहचानते।वे अपनी गलतियों से नहीं सीखते।उनके उद्देश्य स्पष्ट नहीं है।ये लोग अस्थिर हैं।ये अपने लक्ष्यों का पीछा करने के लिए रास्ता नहीं खोजते।

उनके पास मज़बूत सहयोगी नहीं हैं, इसलिए ज़रूरत पड़ने पर मदद के लिए हाथ नहीं बढ़ा सकते।वे पैसे या स्टेटस पर अधिक जोर देते हैं या परिवर्तन का विरोध करते हैं।उनमें सामंजस्य और लचीलापन नहीं हैं।उन्होंने वापसी करनी नहीं सीखी है और वे

अपनी ताकत को भुनाने में सक्षम नहीं हैं, इसलिए उनकी कमजोरियाँ के प्रभाव ज़रूरत से कहीं ज्यादा गंभीर होते हैं।

जीवन का सबक यह है कि अपने दृष्टिकोण को कभी भी, किसी भी उम्र में, किसी भी जगह, हल्के में न लें।इसलिए विजेता, जीतते हैं और हारने वाले हार जाते हैं।दृष्टिकोण से सच में फर्क पड़ता है।हम सब हर रोज इस बात के सबूतों से घिरे रहते हैं।

आप अपना दृष्टिकोण कैसा बनाते हैं, यह आपके ऊपर है।

क्या आप चाहते हैं कि सब आपको स्वीकारें?
तो व्यक्तित्व में निखार लाने के लिए सकारात्मक
सोचें।

क्या आप और ज़्यादा सफल होना चाहते हैं?
तो अपने करियर को आगे बढ़ाने के लिए
सकारात्मक सोचें।

क्या आप अधिक काबिलियत चाहते हैं?
तो अपनी स्किल्स में सुधार के लिए सकारात्मक
सोचें।

क्या आप खुश रहना चाहते हैं?
तो अपने फैसलों को बेहतर बनाने के लिए
सकारात्मक सोचें।

क्या आप कल अपना जीवन बेहतर चाहते हैं?
तो आज ही सकारात्मक विचार करें।

दृष्टिकोण ही वह कौशल है, जिससे हम अपनी ताकत और सीमाओं का संतुलन बनाते हैं।जिन्दगी की दौड़ में, हमारी भीतरी सोच की तुलना में बाहर की परिस्तिथियाँ बेहद कम महत्त्वपूर्ण हैं।

अनुवादक के बारे में

साक्षी पटेल; हिन्दी साहित्य में एमए, पत्रकारिता एवं अनुवाद में स्नातकोत्तर डिप्लोमा प्राप्त हैं। लंबे समय से दिल्ली विश्वविद्यालय से प्रकाशित होने वाली साहित्यिक पत्रिका समसामयिक सृजन की सह-संपादिका रहीं। वर्तमान में 'भिन्नसार' पत्रिका में संपादिका की जिम्मेदारियों का निर्वहन कर रही हैं।

इनका हिन्दी एवं अंग्रेजी, दोनों भाषाओं पर समान रूप से अधिकार है। विश्व प्रसिद्ध पुस्तकों *'हाउ टू विन फ्रेंड्स एंड इन्फ्लुएंस पीपल', 'द पावर ऑफ़ योर सबकॉन्शियस माइंड', 'एज मैन थिंकथ', 'थंक एंड ग्रो रिच', 'द प्रोफेट'* पुस्तक का सफल अनुवाद कर चुकी हैं।

जिम्मेदार और संवेदनशील पाठन व लेखन के साथ काम के प्रति प्रतिबद्धता उनका अमूल्य गुण है।

वर्तमान में भोपाल में निवासरत हैं।

लेखक के बारे में

रोजर जे. फ्रिट्ज़ (18 जुलाई, 1928 - 24 मार्च, 2011) एक अमेरिकी प्रबंधन सलाहकार, स्तंभकार, अंतर्राष्ट्रीय वक्ता और अनेकों प्रेरक पुस्तकों के लेखक रहे हैं। उनकी सबसे लोकप्रिय पुस्तक 'द पावर ऑफ ए पॉजिटिव एटीट्यूड' है, जो 2008 में लिखी गई और दुनिया के सामने आई।

वह 1969 से 1972 तक ओरेगॉन में विलमेट विश्वविद्यालय के 17वें अध्यक्ष भी रहे। ग्रीन काउंटी, विस्कॉन्सिन में जन्में रोजर फ्रिट्ज़ ले फ्रीपोर्ट, इलिनोइस में फ्रीपोर्ट हाई स्कूल में दाखिला लिया और 1946 में स्नातक की उपाधि प्राप्त की। 1950 में इलिनोइस के मॉनमाउथ कॉलेज से राजनीति विज्ञान में स्नातक की डिग्री प्राप्त की। मॉनमाउथ कॉलेज में रहते हुए उन्हें 1948 में 'फी अल्फा थीटा' इतिहास मानद उपाधि प्रदान की गई।

एक कॉलेज प्रशासक के रूप में उन्होंने छह साल तक पहले मॉनमाउथ कॉलेज में फिर विस्कॉन्सिन विश्वविद्यालय में अपनी सेवाएँ दीं। अंत में 1953 से 1956 तक पड़्यू विश्वविद्यालय में पुरुषों के सहायक डीन और सहायक प्रोफेसर के रूप में कार्य किया। वह प्रबंधक थे 1956 से 1959 तक कमिंस इंजन कंपनी में जनसंपर्क और कमिंस फाउंडेशन के सचिव।

बतौर लेखक उन्हें दुनिया भर में प्रसिद्धि प्राप्त हुई।

LIST OF TITLES WITH ISBN NO.

ISBN	TITLE
9788194914129	1984
9789390575220	1984 & Animal Farm (2In1)
9789390575572	1984 & Animal Farm (2In1): The International Best-Selling Classics
9789390575848	35 Sonnets
9789390575329	A Clergyman's Daughter
9789390575923	A Study In Scarlet
9789390896097	A Tale Of Two Cities
9789390896837	Abide in Christ
9789390896202	Abraham Lincoln
9789390896912	Absolute Surrender
9789390896608	African American Classic Collection
9789390575305	Aldous Huxley: The Collected Works
9789390896141	An Autobiography of M. K. Gandhi
9789390575886	Animal Farm
9789390575619	Animal Farm & The Great Gatsby (2In1)
9789390575626	Animal Farm & We
9789390896158	Anna Karenina
9789390575534	Antic Hay
9789390896165	Antony & Cleopatra
9789390896172	As I Lay Dying
9789390896226	As You like it
9789390575671	At Your Command
9789390575350	Awakened Imagination
9789390575114	Be What You Wish
9789390896233	Believe In yourself
9789390896998	Best of Charles Darwin: The Origin of Species & Autobiography
9789390896684	Best Of Horror : Dracula And Frankenstein
9789390575503	Best Of Mark Twain (The Adventures of Tom Sawyer AND The Adventures of Huckleberry Finn)
9789390896769	Black History Collection
9789390575756	Brave New World, Animal Farm & 1984 (3in1)

9789390896240	Brother Karamzov
9789390575053	Bulleh Shah Poetry
9789390575725	Burmese Days
9789390896257	Bushido
9789390896066	Can't Hurt Me
9788194914112	Chanakya Neeti: With The Complete Sutras
9789390896042	Crime and Punishment
9789390575527	Crome Yellow
9789390575046	Down and Out in Paris and London
9789390896844	Dracula
9789390575442	Emersons Essays: The Complete First & Second Series (Self-Reliance & Other Essays)
9789390575749	Emma
9789390575817	Essential Tozer Collection - The Pursuit of God & The Purpose of Man
9789390896578	Fascism What It Is and How to Fight It
9789390575688	Feeling is the Secret
9789390575190	Five Lessons
9789390575954	Frankenstein
9789390575237	Franz Kafka: Collected Works
9789390575282	Franz Kafka: Short Stories
9789390575060	George Orwell Collected Works
9789390575077	George Orwell Essays
9789390575213	George Orwell Poems
9788194914150	Greatest Poetry Ever Written Vol 1
9788194914143	Greatest Poetry Ever Written Vol 1
9789390896301	Gulliver's Travel
9789390575961	Gunaho Ka Devta
9789390575893	H. P. Lovecraft Selected Stories Vol 1
9789390575978	H. P. Lovecraft Selected Stories Vol 2
9789390896059	Hamlet
9789390575022	His Last Bow: Some Reminiscences of Sherlock Holmes
9789390896134	History of Western Philosophy
9789390575121	Homage To Catalonia

9789390896219	How to develop self-confidence and Improve public Speaking
9789390896295	How to enjoy your life and your Job
9789390575633	How to own your own mind
9789390896318	How to read Human Nature
9789390896325	How to sell your way through the life
9789390896370	How to use the laws of mind
9789390896387	How to use the power of prayer
9789390896028	How to win friends & Influence People
9788194824176	How To Win Friends and Influence People
9789390896103	Humility The Beauty of Holiness
9789390896653	Imperialism the Highest Stage of Capitalism
9789390575084	In Our Time
9789390575169	In Our Time & Three Stories and Ten poems
9789390575145	James Allen: The Collected Works
9789390896189	Jesus Himself
9789390575480	Jo's Boys
9789390896394	Julius Caesar
9789390575404	Keep the Aspidistra Flying
9789390896400	Kidnapped
9789390896424	King Lear
9789390575824	Lady Susan
9789390896455	Law of Success
9789390896264	Lincoln The Unknown
9789390575565	Little Men
9789390575640	Little Women
9788194914174	Lost Horizon
9789390896462	Macbeth
9789390896929	Man Eaters of Kumaon
9789390896523	Man The Dwelling Place of God
9789390896349	Man The Dwelling Place of God
9789390575909	Mansfield Park
9788194914136	Manto Ki 25 Sarvshreshth Kahaniya
9789390896509	Marxism, Anarchism, Communism
9789390575664	Mathematical Principles of Natural Philosophy

9788194914198	Meditations
9789390575800	Mein Kampf
9789390575794	Memory How To Develop, Train, And Use It
9789390896486	Mind Power
9789390896585	Money
9789390575039	Mortal Coils
9789390575770	My Life and Work
9789390896035	Narrative of the Life of Frederick Douglass
9789390575152	Neville Goddard: The Collected Works
9789390575985	Northanger Abbey
9789390896530	Notes From Underground
9789390896547	Oliver Twist
9789390575459	On War
9789390575541	One, None and a Hundred Thousand
9789390896554	Othelo
9789390575435	Out Of This World
9789390575015	Persuasion
9789390575510	Prayer The Art Of Believing
9789390575091	Pride and Prejudice
9789390896561	Psychic Perception
9789390575381	Rabindranath Tagore - 5 Best Short Stories Vol 2
9789390575367	Rabindranath Tagore - Short Stories (Masters Collections Including The Childs Return)
9789390575374	Rabindranath Tagore 5 Best Short Stories Vol 1 (Including The Childs Return
9789390896622	Romeo & Juliet
9789390896127	Sanatana Dharma
9789390575596	Seedtime & Harvest
9789390896639	Selected Stories of Guy De Maupassant
9789390575206	Self-Reliance & Other Essays
9789390575176	Sense and Sensibility
9789390575299	Shyamchi Aai
9789390896738	Socialism Utopian and Scientific
9789390896646	Success Through a Positive Mental Attitude
9789390575428	The Adventures of Huckleberry Finn

9789390575183	The Adventures of Sherlock Holmes
9789390575343	The Adventures of Tom Sawyer
9789390896691	The Alchemy Of Happiness
9789390575862	The Art Of Public Speaking
9789390896288	The Autobiography Of Charles Darwin
9788194914181	The Best of Franz Kafka: The Metamorphosis & The Trial
9789390575008	The Call Of Cthulhu and Other Weird Tales
9789390575107	The Case-Book of Sherlock Holmes
9789390896110	The Castle Of Otranto
9789390896745	The Communist Manifesto
9789390575589	The Complete Fiction of H. P. Lovecraft
9789390575497	The Complete Works of Florence Scovel Shinn
9789390896820	The Conquest of Breard
9789390896813	The Diary of a Young Girl
9789390896332	The Diary of a Young Girl The Definitive Edition of the Worlds Most Famous Diary
9789390575701	The Great Gatsby, Animal Farm & 1984 (3In1)
9789390575312	The Greatest Works Of George Orwell (5 Books) Including 1984 & Non-Fiction
9789390575992	The Hound of Baskervilles
9789390896707	The Idiot
9789390896714	The Invisible Man
9789390575657	The Knowledge of the holy
9789390575558	The Law & the Promise
9789390896721	The Law Of Attraction
9789390896776	The Leader in you
9789390896363	The Life of Christ
9789390896196	The Man-Eating Leopard of Rudraprayag
9789390896783	The Master Key to Riches
9789390575268	The Memoirs Of Sherlock Holmes
9789390896479	The Midsummer Night's Dream
9789390575466	The Mill On The Floss
9789390896790	The Miracles of your mind
9789390896660	The Mutual Aid A Factor in Evolution
9789390896448	The Origin of Species

ISBN	Title
9789390896905	The Peter Kropotkin Anthology The Conquest of Bread & Mutual Aid A Factor of Evolution
9789390896806	The Picture of Dorian Gray
9789390896271	The Picture of Dorian Gray
9789390575275	The Power Of Awareness
9789390896356	The Power of Concentration
9788194824169	The Power of Positive Thinking
9789390575411	The Power of the Spoken Word
9788194914105	The Power Of Your Subconscious Mind
9789390896899	The Power of Your Subconscious Mind
9789390896417	The Principles of Communism
9789390575787	The Psychology Of Mans Possible Evolution
9789390896615	The Psychology of Salesmanship
9789390575732	The Pursuit of God
9789390575398	The Pursuit of Happiness
9789390896851	The Quick and Easy Way to effective Speaking
9789390575947	The Return Of Sherlock Holmes
9789390575138	The Road To Wigan Pier
9789390896981	The Root of the Righteous
9789390575855	The Science Of Being Well
9788194914167	The Science Of Getting Rich, The Science Of Being Great & The Science Of Being Well (3In1)
9789390896011	The Screwtape Letters
9789390896073	The Screwtape Letters
9789390575336	The Secret Door to Success
9789390575695	The Secret Of Imagining
9789390896868	The Secret Of Success
9789390896431	The Seven Last Words
9789390575930	The Sign of the Four
9789390896004	The Sonnets
9789390896516	The Souls of Black Folk
9789390896875	The Sound and The Fury
9789390575244	The State and Revolution
9789390896882	The Story of My Life
9789390896936	The Story Of Oriental Philosophy

9789390896752	The Strange Case of Dr. Jekyll and Mr. Hyde
9789390896943	The Tempest
9789390575916	The Valley Of Fear
9789390575879	The Wind in the willows
9789390896080	The Wind in the willows
9789390575763	Their eyes were watching gofd
9789390575831	Three Stories
9789390896950	Twelfth Night
9789390896592	Twelve Years a Slave
9789390896677	Up from Slavery
9789390896974	Value Price and Profit
9789390896967	Wake Up and Live
9789390896493	With Christ in the School of Prayer
9789390575602	Your Faith is Your Fortune
9789390575473	Your Infinite Power To Be Rich
9789390575251	Your Word is Your Wand
9789390575718	Youth
9789391316099	A Christmas Carol
9789391316105	A Doll's House
9789391316501	A Passage to India
9789391316709	A Portrait of the Artist as a Young Man
9789391316112	A Tale of Two Cities
9789391316747	A Tear and a Smile
9789391316167	Agnes Gray
9789391316174	Alice's Adventures in Wonderland
9789391316136	Anandamath
9789391316181	Anne Of Green Gables
9789391316754	Anthem
9789391316198	Around The World in 80 Days
9789391316013	As A Man Thinketh
9789391316242	Autobiography of a Yogi
9789391316266	Beyond Good and Evil
9789391316761	Bleak House
9789391316778	Chitra, a Play in One Act
9789391316310	David Copperfield

9789391316075	Demian
9789391316785	Dubliners
9789391316051	Favourite Tales from the Arabian Nights
9789391316235	Gitanjali
9789391316068	Gravity
9789391316150	Great Speeches of Abraham Lincoln
9789391316662	Guerilla Warfare
9789391316839	Kim
9789391316822	Mother
9789391316211	My Childhood
9789391316846	Nationalism
9789391316327	Oliver Twist
9789391316853	Pygmalion
9789391316334	Relativity: The Special and the General Theory
9789391316389	Scientific Healing Affirmation
9789391316341	Sons and Lovers
9789391316587	Tales from India
9789391316372	Tess of The D'Urbervilles
9789391316396	The Awakening and Selected Stories
9789391316402	The Bhagvad Gita
9789391316303	The Book of Enoch
9789391316228	The Canterville Ghost
9789391316907	The Dynamic Laws of Prosperity
9789391316006	The Great Gatsby
9789391316860	The Hungry Stones and Other Stories
9789391316433	The Idiot
9789391316440	The Importance of Being Earnest
9789391316297	The Light of Asia
9789391316914	The Madman His Parables and Poems
9789391316457	The Odyssey
9789391316921	The Picture of Dorian Gray
9789391316464	The Prince
9789391316938	The Prophet
9789391316945	The Republic
9789391316518	The Scarlet Letter

9789391316143	The Seven Laws of Teaching
9789391316525	The Story of My Experiments with Truth
9789391316532	The Tales of the Mother Goose
9789391316549	The Thirty Nine Steps
9789391316594	The Time Machine
9789391316600	The Turn of the Screw
9789391316983	The Upanishads
9789391316617	The Yellow Wallpaper
9789391316426	The Yoga Sutras of Patanjali
9789391316990	Ulysses
9789391316624	Utopia
9789391316679	Vanity Fair
9789391316020	What Is To Be Done
9789391316686	Within A Budding Grove
9789391316693	Women in Love